学ぶ人は、
変えてゆく人だ。

目の前にある問題はもちろん、

人生の問いや、

社会の課題を自ら見つけ、

挑み続けるために、人は学ぶ。

「学び」で、

少しずつ世界は変えてゆける。

いつでも、どこでも、誰でも、

学ぶことができる世の中へ。

旺文社

完全対応

英単語ターゲット1400［5訂版］

書き覚えノート

ターゲット編集部 編

はじめに

誰にでも一度は「覚えたはずの単語をすぐに忘れてしまう」「ちゃんと覚えられているか不安」と思った経験があるのではないでしょうか。その通り，英単語をマスターするのは決して簡単なことではありません。ただ漫然と単語を眺めていても，覚えたことの大半をすぐに忘れ去ってしまうのは記憶のメカニズムから考えて無理のないことなのです。

本書『英単語ターゲット1400［5訂版］書き覚えノート』は，20語単位に区切られた1つの範囲を

① 3回書いて記憶する

② 記憶した単語を日本語の意味から引き出す

③ 前回の範囲をテストして復習する

という3ステップで学習する構成になっています。

本書に沿って進めていけば，放っておいたら忘れ去ってしまう単語を何度も復習することになり，きちんと記憶に定着させることができます。単語を実際に書き込むという，手を動かす作業も記憶のために効果的です。

p.2からの説明を参考にして，『英単語ターゲット1400［5訂版］』の1400語をマスターしていきましょう。

ターゲット編集部

CONTENTS

本書の構成と使用している記号について. 2
本書の特長と効果的な学習法 4
学習管理表 6

Part 1 これだけは覚えたい600語

Section 1 (Drill 1～5) 7
Section 2 (Drill 6～10) 19
Section 3 (Drill 11～15) 31
Section 4 (Drill 16～20) 43
Section 5 (Drill 21～25) 55
Section 6 (Drill 26～30) 67

Part 2 さらに実力を伸ばす500語

Section 7 (Drill 31～35) 79
Section 8 (Drill 36～40) 91
Section 9 (Drill 41～45) 103
Section 10 (Drill 46～50) 115
Section 11 (Drill 51～55) 127

Part 3 ここで差がつく300語

Section 12 (Drill 56～60) 139
Section 13 (Drill 61～65) 151
Section 14 (Drill 66～70) 163

INDEX 180

本書の構成と使用している記号について

1 Drill が1回の学習単位の目安です。1 Drill は20語区切りで構成しています。学習法については p.4以降を参照してください。

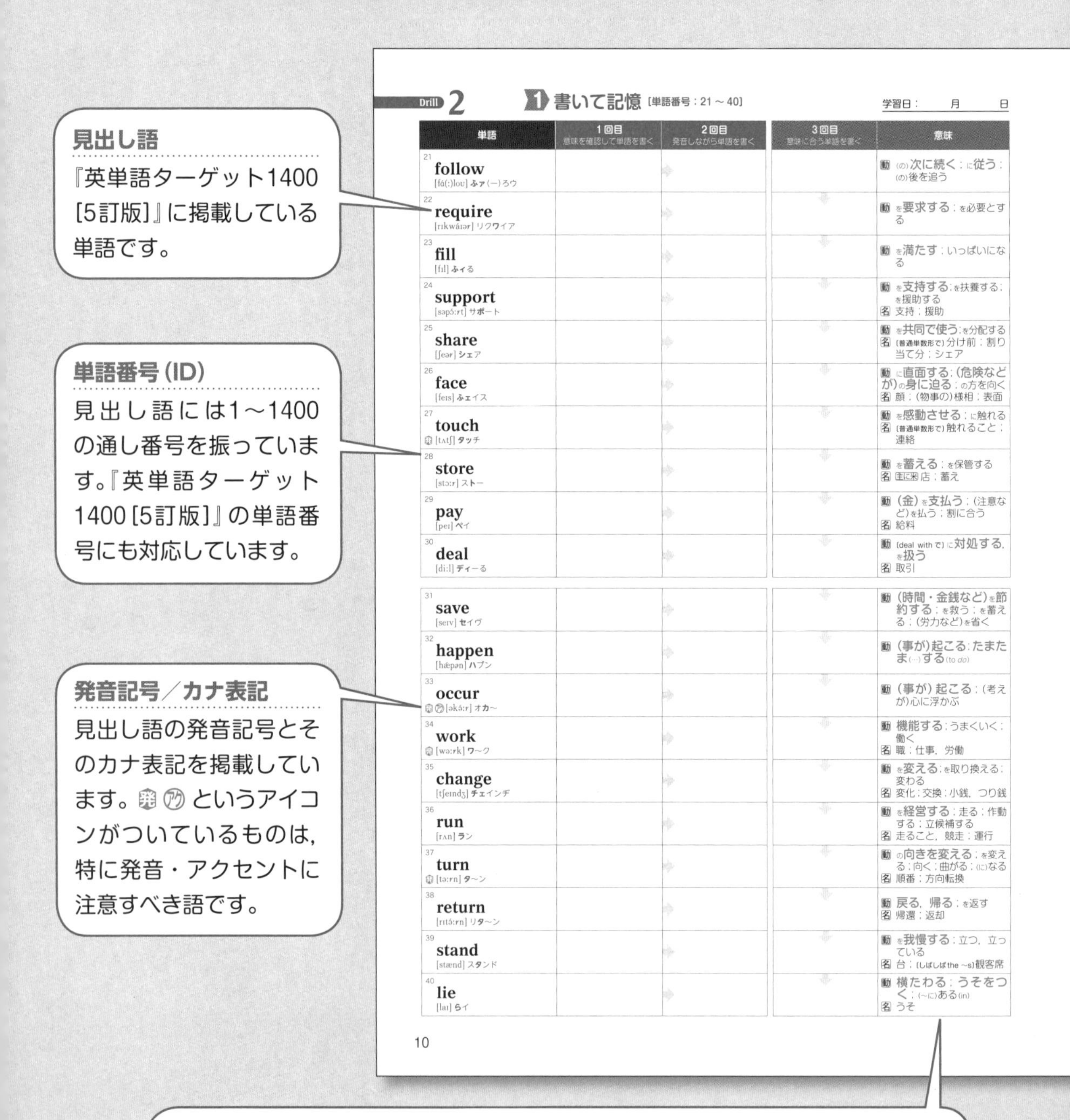

見出し語

『英単語ターゲット1400 [5訂版]』に掲載している単語です。

単語番号 (ID)

見出し語には1～1400の通し番号を振っています。『英単語ターゲット1400 [5訂版]』の単語番号にも対応しています。

発音記号／カナ表記

見出し語の発音記号とそのカナ表記を掲載しています。発 アク というアイコンがついているものは，特に発音・アクセントに注意すべき語です。

Drill 2　1 書いて記憶 [単語番号：21 ～ 40]　学習日：　月　日

単語	1回目 意味を確認して単語を書く	2回目 発音しながら単語を書く	3回目 意味に合う単語を書く	意味
21 follow [fá(:)lou] ふァ(ー)ろウ				動 (の)次に続く；に従う；(の)後を追う
22 require [rɪkwáɪər] リクワイア				動 を要求する；を必要とする
23 fill [fɪl] ふィる				動 を満たす；いっぱいになる
24 support [səpɔ́:rt] サポート				動 を支持する；を扶養する；を援助する 名 支持；援助
25 share [ʃeər] シェア				動 を共同で使う；を分配する 名 (普通単数形で) 分け前；割り当て分；シェア
26 face [feɪs] ふェイス				動 に直面する；(危険などが)の身に迫る；の方を向く 名 顔；(物事の)様相；表面
27 touch 発 [tʌtʃ] タッチ				動 を感動させる；に触れる 名 (普通単数形で) 触れること；連絡
28 store [stɔ:r] ストー				動 を蓄える；を保管する 名 主に米 店；蓄え
29 pay [peɪ] ペイ				動 (金)を支払う；(注意など)を払う；割に合う 名 給料
30 deal [di:l] ディーる				動 (deal with で) に対処する，を扱う 名 取引
31 save [seɪv] セイヴ				動 (時間・金銭など)を節約する；を救う；を蓄える；(労力など)を省く
32 happen [hǽpən] ハプン				動 (事が)起こる；たまたま(…)する (to *do*)
33 occur 発 アク [əkə́:r] オカ～				動 (事が) 起こる；(考えが)心に浮かぶ
34 work 発 [wə:rk] ワ～ク				動 機能する；うまくいく；働く 名 職；仕事，労働
35 change [tʃeɪndʒ] チェインヂ				動 を変える；を取り換える；変わる 名 変化；交換；小銭，つり銭
36 run [rʌn] ラン				動 を経営する；走る；作動する；立候補する 名 走ること，競走；運行
37 turn 発 [tə:rn] タ～ン				動 の向きを変える；を変える；向く；曲がる；(に)なる 名 順番；方向転換
38 return [rɪtə́:rn] リタ～ン				動 戻る，帰る；を返す 名 帰還；返却
39 stand [stænd] スタンド				動 を我慢する；立つ，立っている 名 台；(しばしば the ～s) 観客席
40 lie [laɪ] らイ				動 横たわる；うそをつく；(～に)ある (in) 名 うそ

10

意味

見出し語の意味を原則『英単語ターゲット1400 [5訂版]』に準じて掲載しています (ただし，一部変更している場合があります)。
同じ単語でも品詞が変わると発音やアクセントが変わることに注意すべき語には，発別 アク別 というアイコンをつけています。

2 記憶から引き出す

意味	ID	単語を書こう
動 を要求する	22	
動 (の)次に続く	21	
動 に直面する	26	
動 (事が)起こる	33	
動 機能する	34	
動 に対処する，を扱う	30	with
動 を支持する	24	
動 戻る，帰る	38	
動 (事が)起こる；たまたま(…)する(to do)	32	
動 を我慢する	39	

意味	ID	単語を書こう
動 (時間・金銭など)を節約する	31	
動 を共同で使う	25	
動 の向きを変える	37	
動 を満たす	23	
動 横たわる	40	
動 を変える	35	
動 を蓄える	28	
動 を感動させる	27	
動 を経営する	36	
動 (金)を支払う	29	

3 Drill 1 の復習テスト

✓	単語 なぞって書く	ID	意味を書こう
	concern	8	
	suggest	9	
	provide	15	
	allow	5	
	create	14	
	believe	1	
	expect	3	
	improve	12	
	raise	20	
	develop	18	

✓	単語 なぞって書く	ID	意味を書こう
	grow	17	
	decide	4	
	consider	2	
	worry	7	
	rise	19	
	describe	11	
	produce	13	
	increase	16	
	remember	6	
	explain	10	

忘れていた単語は，p.18 の My Word List へ Go

11

意味

左ページの語の意味のうち，赤字で示した部分で第一に覚えておくべき厳選した意味を掲載しています。

単語番号 (ID)

左ページの見出し語に振った単語番号に対応しています。

なぞって書く

1 つ前の Drill の見出し語をランダムに並べ替えて，なぞり書きできるように薄い文字にしています。

本書で使用している記号など

動 動詞　名 名詞　形 形容詞　副 副詞　前 前置詞　接 接続詞

[　] 直前の語(句)と置き換え可能　(　) 省略可能　〔　〕補足説明

米 アメリカ式英語　英 イギリス式英語　〔～s〕複数形でよく使われる

〔the ～〕冠詞 the を伴う　〔a ～〕不定冠詞 a または an を伴う

本書の特長と効果的な学習法

1日1 Drill 20単語を目安に進めましょう。

1 書いて記憶

〔前半10語〕

❶ 左欄の単語を見ながら，正しいスペルで書く。

❷ 声に出して発音しながら書く。

❸ 10語分❶・❷を終えたら，右欄の意味を見て単語を書く。

〔後半10語〕

❹～❻ 前半と同じ手順を繰り返す。

※前半・後半に分けず，一度に20語を練習してももちろんかまいません。

2 記憶から引き出す

左ページの20語がランダムに並べ替えられています。

❼ 意味を見て単語を思い出して書く。

❽ 左ページで単語番号の一致する単語と意味を見て，答え合わせをする。

3 復習テスト

1つ前の Drill の20語がランダムに並べ替えられています。

❾ 単語をなぞってから，その意味を思い出して書く。

❿ 前 Drill で単語番号の一致する単語を見て，正しく意味が書けたか答え合わせをする。

書けなかった単語は，Section の最後のページ「My Word List」に単語と意味をセットにして書いておきましょう。

[左ページ]

Drill 2　1 書いて記憶 [単語番号：21 ～ 40]　学習日：　月　日

単語	1回目	2回目	3回目	意味
21 follow				動 (の)次に続く；に従う；(の)後を追う
22 require				動 を要求する；を必要とする
23 fill				動 を満たす；いっぱいになる
24 support				動 を支持する；を扶養する；を援助する 名 支持；援助
25 share				動 を共同で使う；を分配する 名 (普通単数形で) 分け前；割り当て分；シェア
26 face				動 に直面する；(危険などが)の身に迫る；の方を向く 名 顔；(物事の)様相；表面
27 touch				動 を感動させる；に触れる 名 (普通単数形で) 触れること；連絡
28 store				動 を蓄える；を保管する 名 店；蓄え
29 pay				動 (金)を支払う；(注意など)を払う；割に合う 名 給料
30 deal				動 [deal with で] に対処する，を扱う 名 取引
31 save				動 (時間・金銭など)を節約する；を救う；を蓄える；(労力など)を省く
32 happen				動 (事が)起こる；たまたま(…)する(to do)
33 occur				動 (事が)起こる；(考えが)心に浮かぶ
34 work				動 機能する；うまくいく；働く 名 職；仕事，労働
35 change				動 を変える；を取り換える；変わる 名 変化；交換；小銭，つり銭
36 run				動 を経営する；走る；作動する；立候補する 名 走ること，競走；運行
37 turn				動 の向きを変える；を変える；向く；曲がる；(に)なる 名 順番；方向転換
38 return				動 戻る，帰る；を返す 名 帰還；返却
39 stand				動 を我慢する；立つ，立っている 名 台；(しばしば the ~s)観客席
40 lie				動 横たわる；うそをつく；(~に)ある(in) 名 うそ

10

[右ページ]

2 記憶から引き出す

意味	ID	単語を書こう	意味	ID	単語を書こう
動 を要求する	22		動 (時間・金銭など)を節約する	31	
動 (の)次に続く	21		動 を共同で使う	25	
動 に直面する	26		変える	37	
動 (事が)起こる	33			23	
動 機能する	34		動 横たわる	40	
動 に対処する，を扱う	30	with	動 を変える	35	
動 を支持する	24		動 を蓄える	28	
動 戻る，帰る	38		動 を感動させる	27	
動 (事が)起こる；たまたま(…)する(to do)	32		動 を経営する	36	
動 を我慢する	39		動 (金)を支払う	29	

3 Drill 1 の復習テスト

✓	単語 なぞって書く	ID	意味を書こう	✓	単語 なぞって書く	ID	意味を書こう
	concern	8			grow	17	
	suggest	9			decide	4	
	provide	15			consider	2	
	allow	5			rry	7	
	create	14			rise	19	
	believe	1			describe	11	
	expect	3			produce	13	
	improve	12			increase	16	
	raise	20			remember	6	
	develop	18			explain	10	

忘れていた単語は，p.18 の My Word List へ GO

11

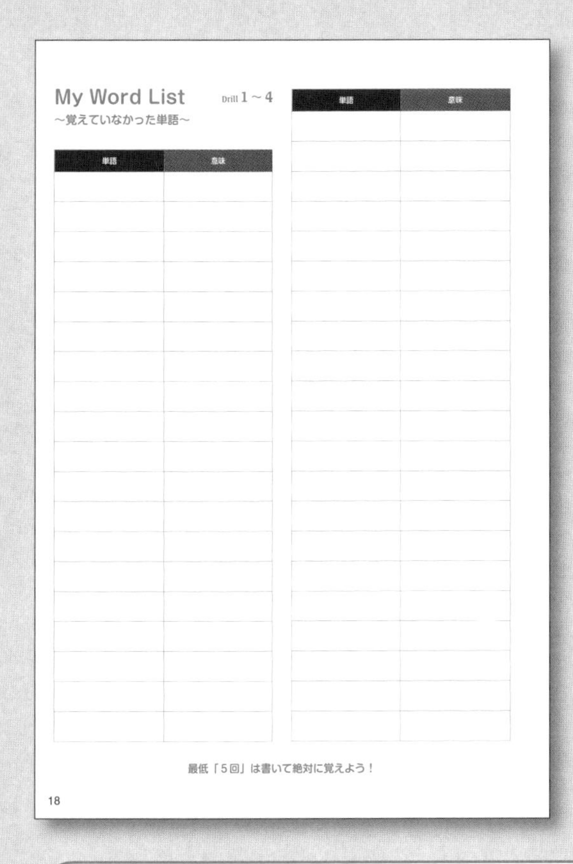
My Word List　Drill 1～4
～覚えていなかった単語～

単語	意味

単語	意味

最低「5回」は書いて絶対に覚えよう！

18

My Word List

100語で1 Section が終了です。毎 Section 末にある「My Word List」に書きためておいた単語は，別の紙にそれぞれ最低でも5回は書いて，完全に覚えるようにしましょう。覚えたと思うまで何回でも書くことが重要です。

復習の重要性

「はじめに」で述べたように，暗記したはずの事柄は放っておくとどんどん失われていきます。よって，本書の学習を1日1 Drill ずつコンスタントに進めていくのが望ましいやり方です。1日ごとに前日の範囲を復習し（❸ 復習テスト），100語終えたところで「My Word List」（覚えていなかった単語）を復習するというやり方で繰り返すことによって，記憶が強化されます。

さらに記憶を万全にするために，「My Word List」の復習から時間をおいて，もう一度その Section の範囲（100語）を復習することをおすすめします。

本書の学習をサポートする学習管理表が p.6にあります。ぜひ活用して，学習の記録を付けながら，復習も忘れずに進めてください。

本書のやり方に従って「書きながら覚える」ことで，大学入試レベルまで対応できる1400語とその意味をしっかりと記憶に残すことができます。

装丁デザイン：及川真咲デザイン事務所　本文デザイン：牧野剛士　ペーパーイラスト制作・撮影：AJIN
編集担当：清水理代　編集協力：有限会社アリエッタ　校正：今村ちえみ／大河内さほ

学習管理表

その日の学習が終わったら下の表の／部分に日付を記入して，学習の記録を付けましょう。

Drill 1 ／	Drill 2 ／	Drill 3 ／	Drill 4 ／	Drill 5 ／	Drill 6 ／
Drill 7 ／	Drill 8 ／	Drill 9 ／	Drill 10 ／	Drill 11 ／	Drill 12 ／
Drill 13 ／	Drill 14 ／	Drill 15 ／	Drill 16 ／	Drill 17 ／	Drill 18 ／
Drill 19 ／	Drill 20 ／	Drill 21 ／	Drill 22 ／	Drill 23 ／	Drill 24 ／
Drill 25 ／	Drill 26 ／	Drill 27 ／	Drill 28 ／	Drill 29 ／	Drill 30 ／
Drill 31 ／	Drill 32 ／	Drill 33 ／	Drill 34 ／	Drill 35 ／	Drill 36 ／
Drill 37 ／	Drill 38 ／	Drill 39 ／	Drill 40 ／	Drill 41 ／	Drill 42 ／
Drill 43 ／	Drill 44 ／	Drill 45 ／	Drill 46 ／	Drill 47 ／	Drill 48 ／
Drill 49 ／	Drill 50 ／	Drill 51 ／	Drill 52 ／	Drill 53 ／	Drill 54 ／
Drill 55 ／	Drill 56 ／	Drill 57 ／	Drill 58 ／	Drill 59 ／	Drill 60 ／
Drill 61 ／	Drill 62 ／	Drill 63 ／	Drill 64 ／	Drill 65 ／	Drill 66 ／
Drill 67 ／	Drill 68 ／	Drill 69 ／	Drill 70 ／		

Part 1 Section 1

Drill 1 8
Drill 2 10
Drill 3 12
Drill 4 14
Drill 5 16
My Word List 18

Drill 1

1 書いて記憶 [単語番号：1～20]

学習日：　　月　　日

単語	1回目 意味を確認して単語を書く	2回目 発音しながら単語を書く	3回目 意味に合う単語を書く	意味
1 **believe** [bɪlíːv] ビリーヴ				動 を信じる，と思う；信じる
2 **consider** アク [kənsídər] コンスィダァ				動 を見なす；をよく考える
3 **expect** [ɪkspékt] イクスペクト				動 を予期する，と思う；を期待する
4 **decide** [dɪsáɪd] ディサイド				動 (を)決める
5 **allow** 発 [əláu] アラウ				動 を許す
6 **remember** [rɪmémbər] リメンバァ				動 (を)覚えている；(を)思い出す；を覚えておく
7 **worry** 発 [wə́ːri] ワ～リィ				動 心配する；を心配させる；〔受身形で〕心配する 名 心配
8 **concern** [kənsə́ːrn] コンサ～ン				動 に関係する；を心配させる 名 関心(事)；心配；気遣い
9 **suggest** [səɡdʒést] サ(グ)ヂェスト				動 を提案する；を示唆[しさ]する
10 **explain** [ɪkspléɪn] イクスプレイン				動 (を)説明する
11 **describe** [dɪskráɪb] ディスクライブ				動 の特徴を述べる；を言う
12 **improve** 発 [ɪmprúːv] インプルーヴ				動 を改善する；よくなる
13 **produce** アク [prədjúːs] プロデュース				動 を生産する；を製造する；を産出する 名 発別 (農)産物；生産高
14 **create** 発 [kri(ː)éɪt] クリ(ー)エイト				動 を創造する
15 **provide** [prəváɪd] プロヴァイド				動 を供給する
16 **increase** アク [ɪnkríːs] インクリース				動 増える；を増やす 名 アク別 増加
17 **grow** [grou] グロウ				動 成長する；になる；を栽培する
18 **develop** アク [dɪvéləp] ディヴェろップ				動 を開発する；を発達させる；発達する
19 **rise** [raɪz] ライズ				動 上がる，昇る；増す 名 上昇；増加
20 **raise** 発 [reɪz] レイズ				動 を上げる；主に米 (子供)を育てる；(資金など)を集める 名 上げること；米 昇給

2 記憶から引き出す

意味	ID	単語を書こう
動 増える	16	
動 を上げる	20	
動 を生産する	13	
動 を信じる，と思う	1	
動 を改善する	12	
動 上がる，昇る	19	
動 (を)決める	4	
動 (を)説明する	10	
動 を創造する	14	
動 を提案する	9	

意味	ID	単語を書こう
動 成長する	17	
動 を供給する	15	
動 の特徴を述べる	11	
動 を開発する	18	
動 に関係する	8	
動 を許す	5	
動 を予期する，と思う	3	
動 心配する	7	
動 (を)覚えている	6	
動 を見なす	2	

Drill 2

1 書いて記憶 [単語番号：21 ～ 40]

学習日：　　月　　日

単語	1回目 意味を確認して単語を書く	2回目 発音しながら単語を書く	3回目 意味に合う単語を書く	意味
21 **follow** [fá(:)lou] ふァ(ー)ろウ				動 (の)次に続く；に従う；(の)後を追う
22 **require** [rɪkwáɪər] リクワイア				動 を要求する；を必要とする
23 **fill** [fɪl] ふィる				動 を満たす；いっぱいになる
24 **support** [səpɔ́:rt] サポート				動 を支持する；を扶養する；を援助する 名 支持；援助
25 **share** [ʃeər] シェア				動 を共同で使う；を分配する 名 〔普通単数形で〕分け前；割り当て分；シェア
26 **face** [feɪs] ふェイス				動 に直面する；(危険などが)の身に迫る；の方を向く 名 顔；(物事の)様相；表面
27 **touch** 発 [tʌtʃ] タッチ				動 を感動させる；に触れる 名 〔普通単数形で〕触れること；連絡
28 **store** [stɔ:r] ストー				動 を蓄える；を保管する 名 主に米 店；蓄え
29 **pay** [peɪ] ペイ				動 (金)を支払う；(注意など)を払う；割に合う 名 給料
30 **deal** [di:l] ディーる				動 〔deal with で〕に対処する，を扱う 名 取引
31 **save** [seɪv] セイヴ				動 (時間・金銭など)を節約する；を救う；を蓄える；(労力など)を省く
32 **happen** [hǽpən] ハプン				動 (事が)起こる；たまたま(…)する(to *do*)
33 **occur** 発 ア [əkə́:r] オカ～				動 (事が)起こる；(考えが)心に浮かぶ
34 **work** 発 [wə:rk] ワ～ク				動 機能する；うまくいく；働く 名 職；仕事，労働
35 **change** [tʃeɪndʒ] チェインヂ				動 を変える；を取り換える；変わる 名 変化；交換；小銭，つり銭
36 **run** [rʌn] ラン				動 を経営する；走る；作動する；立候補する 名 走ること，競走；運行
37 **turn** 発 [tə:rn] タ～ン				動 の向きを変える；を変える；向く；曲がる；(に)なる 名 順番；方向転換
38 **return** [rɪtə́:rn] リタ～ン				動 戻る，帰る；を返す 名 帰還；返却
39 **stand** [stænd] スタンド				動 を我慢する；立つ，立っている 名 台；〔しばしば the ～s〕観客席
40 **lie** [laɪ] らイ				動 横たわる；うそをつく；(～に)ある(in) 名 うそ

2 記憶から引き出す

意味	ID	単語を書こう
動 を要求する	22	
動 (の)次に続く	21	
動 に直面する	26	
動 (事が)起こる	33	
動 機能する	34	
動 に対処する，を扱う	30	with
動 を支持する	24	
動 戻る，帰る	38	
動 (事が)起こる；たまたま(…)する(to *do*)	32	
動 を我慢する	39	

意味	ID	単語を書こう
動 (時間・金銭など)を節約する	31	
動 を共同で使う	25	
動 の向きを変える	37	
動 を満たす	23	
動 横たわる	40	
動 を変える	35	
動 を蓄える	28	
動 を感動させる	27	
動 を経営する	36	
動 (金)を支払う	29	

3 Drill 1 の復習テスト

✓	単語 なぞって書く	ID	意味を書こう
	concern	8	
	suggest	9	
	provide	15	
	allow	5	
	create	14	
	believe	1	
	expect	3	
	improve	12	
	raise	20	
	develop	18	

✓	単語 なぞって書く	ID	意味を書こう
	grow	17	
	decide	4	
	consider	2	
	worry	7	
	rise	19	
	describe	11	
	produce	13	
	increase	16	
	remember	6	
	explain	10	

忘れていた単語は，p.18 の My Word List へ Go

1 書いて記憶 [単語番号：41～60]

学習日：　月　日

単語	1回目 意味を確認して単語を書く	2回目 発音しながら単語を書く	3回目 意味に合う単語を書く	意味
41 **brain** [breɪn] ブレイン				名 脳；〔しばしば～s〕頭脳
42 **mind** [maɪnd] マインド				名 心，精神；知性 動 を嫌だと思う
43 **language** 発 [lǽŋgwɪdʒ] らングウェッヂ				名 言語；言葉(遣い)
44 **thought** 発 [θɔːt] そート				名 考え；思考
45 **knowledge** 発 ア [nɑ́(ː)lɪdʒ] ナ(ー)れッヂ				名 知識；知っていること
46 **skill** [skɪl] スキる				名 技術，技能；熟練
47 **technology** ア [teknɑ́(ː)lədʒi] テクナ(ー)ろヂィ				名 科学技術
48 **culture** [kʌ́ltʃər] カるチャ				名 文化
49 **experience** 発 [ɪkspíəriəns] イクスピ(ア)リエンス				名 経験 動 を経験する
50 **result** 発 [rɪzʌ́lt] リザるト				名 結果；〔普通～s〕(試験の)成績 動 結果として生じる；結果になる
51 **reason** [ríːzən] リーズン				名 理由；理性 動 と推理する
52 **cause** [kɔːz] コーズ				名 原因；理由；大義名分 動 の原因となる；にさせる
53 **effect** [ɪfékt] イふェクト				名 影響，効果；結果
54 **matter** [mǽtər] マタァ				名 問題；事柄；物質；〔～s〕事態 動 重要である
55 **sense** [sens] センス				名 感覚；感じ；意味 動 を感知する
56 **way** [weɪ] ウェイ				名 方法；道；経路；様子；様式
57 **term** [təːrm] ターム				名 期間；学期；(専門)用語；〔～s〕間柄
58 **situation** [sìtʃuéɪʃən] スィチュエイション				名 状況；立場；位置
59 **condition** [kəndíʃən] コンディション				名 〔～s〕状況；状態；条件 動 の調子を整える；を条件づける
60 **position** [pəzíʃən] ポズィション				名 (所定の)位置，場所；立場；地位 動 を置く；の位置を定める

2 記憶から引き出す

意味	ID	単語を書こう
名 感覚	55	
名 知識	45	
名 方法	56	
名 問題	54	
名 科学技術	47	
名 脳	41	
名 期間	57	
名 結果	50	
名 技術，技能	46	
名 状況	59	

意味	ID	単語を書こう
名 心，精神	42	
名 理由	51	
名 状況	58	
名 考え	44	
名 (所定の)位置，場所	60	
名 経験	49	
名 文化	48	
名 影響，効果	53	
名 原因	52	
名 言語	43	

3 Drill 2の復習テスト

✓	単語 なぞって書く	ID	意味を書こう
	happen	32	
	stand	39	
	run	36	
	fill	23	
	deal	30	
	return	38	
	lie	40	
	work	34	
	pay	29	
	occur	33	

✓	単語 なぞって書く	ID	意味を書こう
	change	35	
	save	31	
	follow	21	
	store	28	
	require	22	
	share	25	
	face	26	
	turn	37	
	support	24	
	touch	27	

忘れていた単語は，p.18 の My Word List へ GO

Drill 4

1 書いて記憶 [単語番号：61 ～ 80]

学習日：　　月　　日

単語	1回目 意味を確認して単語を書く	2回目 発音しながら単語を書く	3回目 意味に合う単語を書く	意味
61 **environment** 発 ア [ɪnváɪərənmənt] インヴァイ(ア)ロンメント				名 環境；〔普通the ～〕自然環境；周囲の状況
62 **nature** [néɪtʃər] ネイチャ				名 自然；性質
63 **research** [ríːsəːrtʃ] リーサ～チ				名 〔しばしば～es〕研究，調査 動 (を)研究する，調査する
64 **rule** [ruːl] ルーる				名 規則；支配；慣習 動 を支配する，統治する
65 **interest** ア [íntərəst] インタレスト				名 興味；利害；〔普通～s〕利益；利息 動 に興味を持たせる
66 **value** [vǽljuː] ヴァりュー				名 価値；〔～s〕価値観；価格 動 を(金銭的に)評価する；を重んじる
67 **view** [vjuː] ヴュー				名 〔しばしば～s〕意見；見方；眺め 動 を眺める；を考察する
68 **sound** [saʊnd] サウンド				名 音；音響 動 に聞こえる；の音がする 形 健全な；しっかりした 副 ぐっすりと
69 **form** [fɔːrm] ふォーム				名 形状；形態；(記入)用紙；(生物・病気などの)種類 動 を作る；を構成する
70 **case** [keɪs] ケイス				名 場合；事例；実情；事件
71 **role** [roʊl] ロウる				名 役割；(俳優などの)役
72 **age** [eɪdʒ] エイヂ				名 年齢，年；(特定の)時代 動 年を取る；を老けさせる
73 **care** [keər] ケア				名 世話；介護；注意；心配 動 〔普通否定文・疑問文で〕(を)気遣う；したいと思う
74 **risk** [rɪsk] リスク				名 危険(性) 動 を危険にさらす
75 **human** [hjúːmən] ヒューマン				形 人間の；人間的な 名 〔しばしば～s〕人間
76 **free** [friː] ふリー				形 自由な；暇な；無料の
77 **sure** [ʃʊər] シュア				形 確信して；きっと；確実な 副 〔返答で〕はい，もちろん
78 **certain** 発 ア [sə́ːrtən] サ～トゥン				形 確信して；必ず；ある程度の；一定の
79 **main** [meɪn] メイン				形 主要な
80 **major** 発 [méɪdʒər] メイヂャ				形 主要な；(数量などが)大きい；主に米 専攻の 動 米 専攻する 名 主に米 専攻科目

2 記憶から引き出す

意味	ID	単語を書こう
名 年齢，年	72	
名 音	68	
名 世話	73	
形 人間の	75	
名 環境	61	
名 意見	67	
名 興味	65	
名 危険(性)	74	
形 主要な；(数量などが)大きい	80	
形 主要な	79	

意味	ID	単語を書こう
名 役割	71	
形 確信して；きっと	77	
名 規則	64	
名 価値	66	
名 形状	69	
形 自由な	76	
名 場合	70	
名 自然	62	
名 研究，調査	63	
形 確信して；ある程度の	78	

3 Drill 3の復習テスト

✔	単語 なぞって書く	ID	意味を書こう
	way	56	
	language	43	
	culture	48	
	brain	41	
	knowledge	45	
	effect	53	
	skill	46	
	term	57	
	cause	52	
	situation	58	

✔	単語 なぞって書く	ID	意味を書こう
	reason	51	
	matter	54	
	experience	49	
	mind	42	
	thought	44	
	technology	47	
	condition	59	
	position	60	
	result	50	
	sense	55	

忘れていた単語は，p.18 の My Word List へ Go

1 書いて記憶 [単語番号：81 ～ 100]

学習日：　　月　　日

単語	1回目 意味を確認して単語を書く	2回目 発音しながら単語を書く	3回目 意味に合う単語を書く	意味
81 **minor** [máɪnər] マイナァ				形 重要でない；(数量などが)小さい 名 未成年者
82 **clear** [klɪər] クりア				形 明らかな；澄んだ；明るい；晴れた 動 を片付ける；(空が)晴れる
83 **likely** [láɪkli] らイクリィ				形 ありそうな 副 (very, most などを伴って) たぶん，おそらく
84 **possible** [pá(:)səbl] パ(ー)スィブる				形 あり得る；可能な
85 **similar** [símələr] スィミらァ				形 似ている
86 **close** 発 [klous] クろウス				形 (ごく) 近い；親しい；綿密な 副 接近して 動 発音 を閉じる
87 **common** [ká(:)mən] カ(ー)モン				形 共通の；一般的な；よくある
88 **general** [dʒénərəl] ヂェネラる				形 一般的な；全体の 名 将軍；大将
89 **ordinary** アク [ɔ́:rdənèri] オーディネリィ				形 普通の；並の
90 **specific** アク [spəsífɪk] スペスィふィック				形 明確な；具体的な；特定の
91 **particular** アク [pərtíkjulər] パティキュらァ				形 特別の；好みがうるさい 名 (～s)詳細；細目
92 **individual** アク [ìndɪvídʒuəl] インディヴィヂュアる				形 個人の；個々の 名 個人
93 **unique** 発 [juní:k] ユニーク				形 特有の；唯一の
94 **rare** [reər] レア				形 珍しい，まれな
95 **therefore** アク [ðéərfɔ̀:r] ゼアふォー				副 したがって，その結果
96 **thus** 発 [ðʌs] ざス				副 したがって；このように；たとえば
97 **moreover** 発 アク [mɔ:róuvər] モーロウヴァ				副 そのうえ，さらに
98 **furthermore** [fə́:rðərmɔ̀:r] ふァ～ざモー				副 そのうえ
99 **besides** [bɪsáɪdz] ビサイヅ				副 そのうえ 前 に加えて
100 **nonetheless** アク [nʌ̀nðəlés] ナンざれス				副 それにもかかわらず

2 記憶から引き出す

意味	ID	単語を書こう
形 珍しい，まれな	94	
形 明確な	90	
形 似ている	85	
形 重要でない	81	
形 ありそうな	83	
形 (ごく)近い	86	
形 普通の	89	
形 明らかな	82	
副 そのうえ	98	
副 そのうえ 前 に加えて	99	

意味	ID	単語を書こう
形 あり得る	84	
副 そのうえ，さらに	97	
形 特有の	93	
形 一般的な	88	
副 したがって	96	
形 個人の	92	
副 それにもかかわらず	100	
副 したがって，その結果	95	
形 共通の	87	
形 特別の	91	

3 Drill 4 の復習テスト

✓	単語 なぞって書く	ID	意味を書こう
	human	75	
	interest	65	
	main	79	
	free	76	
	environment	61	
	value	66	
	rule	64	
	role	71	
	age	72	
	certain	78	

✓	単語 なぞって書く	ID	意味を書こう
	risk	74	
	research	63	
	major	80	
	view	67	
	care	73	
	case	70	
	nature	62	
	form	69	
	sure	77	
	sound	68	

忘れていた単語は，p.18 の My Word List へ GO

My Word List

～覚えていなかった単語～

Drill 1 ～ 4

単語	意味

単語	意味

最低「５回」は書いて絶対に覚えよう！

Part 1 Section 2

Drill 6 20
Drill 7 22
Drill 8 24
Drill 9 26
Drill 10 28
My Word List 30

1 書いて記憶 [単語番号：101 ～ 120]

学習日：　　月　　日

単語	1回目 意味を確認して単語を書く	2回目 発音しながら単語を書く	3回目 意味に合う単語を書く	意味
101 **notice** [nóutəs] ノウティス				動 (に)気づく；(に)注目する 名 注目；通知；掲示
102 **note** [nout] ノウト				動 (に)注意する, 注目する；を書き留める；を話に出す 名 メモ；注釈；音符；英紙幣
103 **discover** [dɪskʌ́vər] ディスカヴァ				動 を発見する；に気づく
104 **realize** [ríːəlàɪz] リーアライズ				動 を(はっきりと)理解する；を実現する
105 **recognize** ア [rékəgnàɪz] レコグナイズ				動 をそれとわかる；を認める
106 **encourage** [ɪnkə́ːrɪdʒ] インカ～レッヂ				動 を励ます
107 **force** [fɔːrs] ふォース				動 (人)に無理やり(…)させる(to do)；を押しつける 名 力；軍隊；暴力
108 **order** [ɔ́ːrdər] オーダァ				動 を注文する；を(人)に命令する 名 注文；命令；順序；正常な状態
109 **affect** [əfékt] アふェクト				動 に影響する
110 **offer** ア [ɔ́(ː)fər] オ(ー)ふァ				動 (人)に(物・事)を提供する；と申し出る 名 提供, 申し出
111 **demand** [dɪmǽnd] ディマンド				動 を要求する；を必要とする 名 要求；需要
112 **argue** [ɑ́ːrgjuː] アーギュー				動 と主張する；を論じる；言い争う
113 **claim** [kleɪm] クれイム				動 を主張する；を要求する 名 主張；要求
114 **object** ア [əbdʒékt] オブヂェクト				動 反対する 名 発別 物体；〔普通単数形で〕目的；対象
115 **challenge** ア [tʃǽlɪndʒ] チャれンヂ				動 に異議を唱える；に挑戦する 名 挑戦；課題
116 **involve** [ɪnvɑ́(ː)lv] インヴァ(ー)るヴ				動 を巻き込む；を含む
117 **include** [ɪnklúːd] インクるード				動 を含む
118 **contain** [kəntéɪn] コンテイン				動 を含む；〔普通否定文で〕を抑制する
119 **relate** [rɪléɪt] リれイト				動 を関連づける
120 **connect** [kənékt] コネクト				動 をつなぐ；を関連させる

2 記憶から引き出す

意味	ID	単語を書こう
動 を含む；を抑制する	118	
動 をそれとわかる	105	
動 (に)注意する，注目する	102	
動 を(はっきりと)理解する	104	
動 を要求する	111	
動 (に)気づく	101	
動 を励ます	106	
動 をつなぐ	120	
動 を主張する	113	
動 (人)に無理やり(…)させる(to *do*)	107	

意味	ID	単語を書こう
動 と主張する	112	
動 を発見する	103	
動 に異議を唱える	115	
動 を注文する	108	
動 を関連づける	119	
動 を巻き込む	116	
動 を含む	117	
動 反対する	114	
動 (人)に(物・事)を提供する	110	
動 に影響する	109	

3 Drill 5の復習テスト

✓	単語 なぞって書く	ID	意味を書こう
	unique	93	
	likely	83	
	thus	96	
	furthermore	98	
	moreover	97	
	close	86	
	particular	91	
	common	87	
	similar	85	
	minor	81	

✓	単語 なぞって書く	ID	意味を書こう
	general	88	
	therefore	95	
	clear	82	
	specific	90	
	possible	84	
	individual	92	
	nonetheless	100	
	besides	99	
	ordinary	89	
	rare	94	

忘れていた単語は，p.30 の My Word List へ Go

1 書いて記憶 [単語番号：121 ～ 140]

学習日：　　月　　日

単語	1回目 意味を確認して単語を書く	2回目 発音しながら単語を書く	3回目 意味に合う単語を書く	意味
121 **refer** ㋐ [rɪfə́ːr] リふァ～				動 言及する；参照する
122 **contact** ㋐ [kɑ́(ː)ntækt] カ(ー)ンタクト				動 と連絡を取る 名 連絡；接触
123 **compare** [kəmpéər] コンペア				動 を比べる；をたとえる
124 **measure** 発 [méʒər] メジャ				動 を測る；の寸法がある 名 〔しばしば～s〕措置；寸法；基準
125 **mark** [mɑːrk] マーク				動 (印など)をつける；につける 名 印；記号；主に英 (成績などの)点
126 **approach** 発 [əpróutʃ] アプロウチ				動 (に)近づく；に取り組む 名 取り組み方；接近
127 **reach** [riːtʃ] リーチ				動 に到着する；手を伸ばす；(に)届く 名 届く範囲
128 **achieve** [ətʃíːv] アチーヴ				動 を達成する；を成し遂げる
129 **receive** [rɪsíːv] リスィーヴ				動 を受け取る
130 **complete** [kəmplíːt] コンプリート				動 を完成させる；を完全なものにする 形 完成した；完全な
131 **lead** [liːd] リード				動 を導く；を仕向ける；至る 名 先頭；主導
132 **win** [wɪn] ウィン				動 (に)勝つ；を獲得する
133 **lose** 発 [luːz] るーズ				動 を失う；(試合など)で負ける
134 **fail** [feɪl] ふェイる				動 できない；失敗する；(試験など)に落ちる
135 **miss** [mɪs] ミス				動 に乗り遅れる；(機会など)を逃す；がいなくて寂しく思う 名 失敗；的はずれ
136 **lack** [læk] らック				動 に欠けている，が不足している 名 不足，欠乏
137 **reduce** [rɪdjúːs] リデュース				動 を減らす
138 **avoid** [əvɔ́ɪd] アヴォイド				動 を避ける
139 **limit** [límət] リミット				動 を制限する 名 限界；制限
140 **prevent** ㋐ [prɪvént] プリヴェント				動 を妨げる；を防ぐ

2 記憶から引き出す

意味	ID	単語を書こう
動 に乗り遅れる	135	
動 を失う	133	
動 を完成させる	130	
動 言及する	121	
動 を達成する	128	
動 に到着する	127	
動 を導く	131	
動 (に)勝つ	132	
動 を制限する	139	
動 (に)近づく	126	

意味	ID	単語を書こう
動 と連絡を取る	122	
動 を避ける	138	
動 を減らす	137	
動 に欠けている，が不足している	136	
動 を測る	124	
動 を受け取る	129	
動 (印など)をつける	125	
動 を比べる	123	
動 を妨げる	140	
動 できない	134	

3 Drill 6 の復習テスト

✓	単語 なぞって書く	ID	意味を書こう
	involve	116	
	claim	113	
	affect	109	
	notice	101	
	offer	110	
	include	117	
	force	107	
	argue	112	
	realize	104	
	relate	119	

✓	単語 なぞって書く	ID	意味を書こう
	encourage	106	
	note	102	
	order	108	
	challenge	115	
	demand	111	
	contain	118	
	object	114	
	connect	120	
	recognize	105	
	discover	103	

忘れていた単語は，p.30 の My Word List へ GO

Drill 8 **1 書いて記憶** [単語番号：141 ～ 160]

学習日：　　月　　日

単語	1回目 意味を確認して単語を書く	2回目 発音しながら単語を書く	3回目 意味に合う単語を書く	意味
141 **wear** [weər] ウェア				動 を身に着けている；をすり減らす 名 衣類
142 **bear** [beər] ベア				動 を我慢する；を（心に）抱く；（子）を産む
143 **focus** [fóukəs] ふォウカス				動 を集中させる；焦点を合わせる 名（活動・注目などの）焦点
144 **author** 発 [ɔ́:θər] オーさァ				名 著者
145 **professor** [prəfésər] プロふェサァ				名 教授
146 **sentence** [séntəns] センテンス				名 文；（宣告された）刑；判決 動 に判決を下す
147 **passage** 発 [pǽsɪdʒ] パセッヂ				名（文章の）一節；通行；通路
148 **message** 発 [mésɪdʒ] メセッヂ				名 伝言，メッセージ；〔単数形で〕（本・演説などの）要点
149 **statement** [stéɪtmənt] ステイトメント				名 陳述；声明
150 **topic** [tá(:)pɪk] タ（ー）ピック				名 論題，話題
151 **article** [á:rtɪkl] アーティクる				名 記事；品物；（契約・憲法などの）条項
152 **issue** [íʃu:] イシュー				名 問題；発行；（雑誌などの）号 動 を発行する
153 **theory** [θí:əri] すィーオリィ				名 理論
154 **evidence** [évɪdəns] エヴィデンス				名 証拠；根拠
155 **experiment** [ɪkspérɪmənt] イクスペリメント				名 実験 動 《発別》 実験をする
156 **subject** [sʌ́bdʒekt] サブヂェクト				名（研究・話などの）主題；科目；被験者 形 受けやすい 動 《発別》 にさらす
157 **government** [gʌ́vərnmənt] ガヴァ（ン）メント				名〔しばしば the G～〕政府；政治
158 **policy** [pá(:)ləsi] パ（ー）リスィ				名 政策，方針
159 **education** [èdʒəkéɪʃən] エヂュケイション				名 教育；教養
160 **company** [kʌ́mpəni] カンパニィ				名 会社；仲間；付き合い

2 記憶から引き出す

意味	ID	単語を書こう
名 政策，方針	158	
名 教育	159	
名 陳述	149	
名 文	146	
名 記事	151	
名 理論	153	
動 を身に着けている	141	
名 伝言，メッセージ	148	
名 会社	160	
名 著者	144	

意味	ID	単語を書こう
動 を我慢する	142	
名 論題，話題	150	
名 問題	152	
名 政府	157	
名 証拠	154	
名 実験	155	
名 (文章の)一節	147	
名 (研究・話などの)主題	156	
名 教授	145	
動 を集中させる	143	

3 Drill 7の復習テスト

✓	単語 なぞって書く	ID	意味を書こう
	limit	139	
	lead	131	
	lack	136	
	reach	127	
	complete	130	
	compare	123	
	refer	121	
	miss	135	
	receive	129	
	measure	124	

✓	単語 なぞって書く	ID	意味を書こう
	fail	134	
	achieve	128	
	approach	126	
	mark	125	
	contact	122	
	lose	133	
	reduce	137	
	win	132	
	prevent	140	
	avoid	138	

忘れていた単語は，p.30 の My Word List へ GO

1 書いて記憶 [単語番号：161 ～ 180]

学習日：　　月　　日

単語	1回目 意味を確認して単語を書く	2回目 発音しながら単語を書く	3回目 意味に合う単語を書く	意味
161 **colleague** アク [ká(:)li:g] カ(ー)りーグ				名 同僚
102 **industry** アク [índəstri] インダストゥリィ				名 産業；勤勉
163 **trade** [treɪd] トゥレイド				名 貿易；取引；職業 動 取引する；商う；を交換する
164 **economy** アク [ɪká(:)nəmi] イカ(ー)ノミィ				名 〔しばしば the ～〕(国家などの)経済；節約
165 **customer** [kʌ́stəmər] カスタマァ				名 顧客
166 **benefit** [bénɪfɪt] ベネふィット				名 (物質的・精神的)利益；給付，手当 動 に利益を与える；利益を得る
167 **figure** [fígjər] ふィギャ				名 図；数字；姿；〔～s〕計算 動 と判断する
168 **rate** [reɪt] レイト				名 比率；速度 動 を評価する
169 **chance** [tʃæns] チャンス				名 見込み；機会
170 **opportunity** [à(:)pərtjú:nəti] ア(ー)ポテューニティ				名 機会

単語	1回目	2回目	3回目	意味
171 **project** アク [prá(:)dʒekt] プラ(ー)ヂェクト				名 事業；(規模の大きな)計画 動 発別 を映し出す；を計画する
172 **practice** [prǽktɪs] プラクティス				名 練習；(意識的な)習慣；実践 動 (を)練習する；(を)実践する
173 **effort** アク [éfərt] エふォト				名 努力
174 **quality** 発 [kwá(:)ləti] クワ(ー)りティ				名 質；良質 形 高級な
175 **quantity** [kwá(:)ntəti] クワ(ー)ンティティ				名 量；分量
176 **amount** [əmáunt] アマウント				名 金額；量 動 総計(～に)なる(to)
177 **scientific** 発 [sàɪəntífɪk] サイエンティふィック				形 科学の
178 **political** アク [pəlítɪkəl] ポりティカる				形 政治の
179 **social** [sóuʃəl] ソウシャる				形 社会の；社交の
180 **official** アク [əfíʃəl] オふィシャる				形 公式の；公[おおやけ]の 名 公務員；(会社の)役員

2 記憶から引き出す

意味	ID	単語を書こう
名 見込み	169	
名 練習	172	
名 機会	170	
名 産業	162	
名 比率	168	
形 政治の	178	
名 (国家などの)経済	164	
形 公式の	180	
名 貿易	163	
名 質	174	

意味	ID	単語を書こう
名 金額	176	
名 図	167	
名 事業	171	
名 努力	173	
形 科学の	177	
名 顧客	165	
名 量	175	
形 社会の	179	
名 同僚	161	
名 (物質的・精神的)利益	166	

3 Drill 8の復習テスト

✓	単語 なぞって書く	ID	意味を書こう
	evidence	154	
	bear	142	
	topic	150	
	subject	156	
	author	144	
	government	157	
	theory	153	
	experiment	155	
	policy	158	
	education	159	

✓	単語 なぞって書く	ID	意味を書こう
	focus	143	
	wear	141	
	message	148	
	article	151	
	sentence	146	
	issue	152	
	company	160	
	passage	147	
	statement	149	
	professor	145	

忘れていた単語は，p.30 の My Word List へ GO

Drill 10 **1 書いて記憶** [単語番号：181 ～ 200]

学習日：　　月　　日

単語	1回目 意味を確認して単語を書く	2回目 発音しながら単語を書く	3回目 意味に合う単語を書く	意味
181 **financial** [fənǽnʃəl] ふィナンシャる				形 財政(上)の；金銭的な
182 **expensive** [ɪkspénsɪv] イクスペンスィヴ				形 高価な
183 **various** 発 ア [véəriəs] ヴェ(ア)リアス				形 さまざまな
184 **normal** [nɔ́ːrməl] ノーマる				形 普通の；正常な；標準の
185 **familiar** [fəmíljər] ふァミりャ				形 よく知っている；よく知られている
186 **appropriate** 発 ア [əpróupriət] アプロウプリエット				形 適切な
187 **necessary** ア [nésəsèri] ネセセリィ				形 必要な
188 **correct** [kərékt] コレクト				形 正しい 動 を訂正する
189 **available** 発 [əvéɪləbl] アヴェイらブる				形 利用できる，入手できる；(人の)手が空いている
190 **typical** 発 [típɪkəl] ティピカる				形 典型的な；特有の
191 **positive** [pɑ́(ː)zətɪv] パ(ー)ズィティヴ				形 積極的な；確信している；肯定的な
192 **negative** [négətɪv] ネガティヴ				形 好ましくない，消極的な；否定の 名 否定(表現)
193 **passive** [pǽsɪv] パスィヴ				形 受動的な；消極的な
194 **physical** [fízɪkəl] ふィズィカる				形 身体の；物理的な；物質の
195 **mental** [méntəl] メントゥる				形 精神の；知能の
196 **rather** [rǽðər] ラざァ				副 むしろ；かなり；いくぶん
197 **instead** ア [ɪnstéd] インステッド				副 その代わりに；そうではなくて
198 **otherwise** [ʌ́ðərwàɪz] アざワイズ				副 そうでなければ；それ以外では；違ったふうに
199 **somehow** ア [sʌ́mhàu] サムハウ				副 どうにかして；どういうわけか
200 **somewhat** ア [sʌ́mhwʌ̀t] サム(フ)ワット				副 いくぶん

2 記憶から引き出す

意味	ID	単語を書こう
形 典型的な	190	
形 好ましくない，消極的な	192	
副 むしろ	196	
形 さまざまな	183	
形 身体の	194	
副 その代わりに	197	
副 どうにかして	199	
形 利用できる，入手できる	189	
形 積極的な	191	
形 高価な	182	

意味	ID	単語を書こう
副 そうでなければ	198	
形 受動的な	193	
形 財政(上)の	181	
形 よく知っている	185	
形 必要な	187	
副 いくぶん	200	
形 適切な	186	
形 普通の	184	
形 正しい	188	
形 精神の	195	

3 Drill 9 の復習テスト

✓	単語 なぞって書く	ID	意味を書こう
	economy	164	
	rate	168	
	opportunity	170	
	official	180	
	quality	174	
	effort	173	
	trade	163	
	customer	165	
	quantity	175	
	chance	169	

✓	単語 なぞって書く	ID	意味を書こう
	project	171	
	social	179	
	political	178	
	colleague	161	
	scientific	177	
	amount	176	
	figure	167	
	practice	172	
	benefit	166	
	industry	162	

忘れていた単語は，p.30 の My Word List へ GO

My Word List　Drill 5～9

～覚えていなかった単語～

単語	意味

単語	意味

最低「５回」は書いて絶対に覚えよう！

Part 1 Section 3

Drill 11 32
Drill 12 34
Drill 13 36
Drill 14 38
Drill 15 40
My Word List 42

Drill 11

1 書いて記憶 [単語番号：201 ～ 220]

学習日：　　月　　日

単語	1回目 意味を確認して単語を書く	2回目 発音しながら単語を書く	3回目 意味に合う単語を書く	意味
201 **wonder** [wʌ́ndər] ワンダァ				動 と思う；驚く 名 驚異
202 **suppose** [səpóuz] サポウズ				動 (たぶん)(…だ)と思う(that節)；〔文頭で接続詞的に〕もし(…)ならば(that節)；と仮定する
203 **imagine** [ɪmǽdʒɪn] イマヂン				動 を想像する
204 **regard** [rɪgɑ́:rd] リガード				動 を(～と)見なす(as) 名 配慮；敬意
205 **wish** [wɪʃ] ウィッシ				動 と思う；(できたら)(…し)たいと思う(to *do*)；願う 名 願い
206 **determine** 発 [dɪtə́:rmɪn] ディタ～ミン				動 を決定する；を突き止める
207 **express** [ɪksprés] イクスプレス				動 を表現する 形 急行の；急ぎの 名 急行列車[バス]
208 **represent** アク [rèprɪzént] レプリゼント				動 を象徴する；を表現する；を代表する
209 **identify** [aɪdéntəfàɪ] アイデンティふァイ				動 を特定する；を同一のものと見なす
210 **mention** [ménʃən] メンション				動 に言及する 名 言及
211 **solve** [sɑ(:)lv] サ(ー)るヴ				動 を解決する；を解く
212 **prove** 発 [pru:v] プルーヴ				動 を証明する；(～だと)わかる(to *be*)
213 **communicate** アク [kəmjú:nɪkèɪt] コミューニケイト				動 意思を通じ合う；を伝える
214 **respect** [rɪspékt] リスペクト				動 を尊敬する；を尊重する 名 尊敬；尊重；点
215 **prefer** アク [prɪfə́:r] プリふァ～				動 のほうを好む
216 **design** [dɪzáɪn] ディザイン				動 を設計する 名 デザイン；設計(図)
217 **establish** [ɪstǽblɪʃ] イスタブリッシ				動 を設立する；(理論・地位)を確立する
218 **found** [faund] ふァウンド				動 を設立する；の基礎を作る
219 **publish** [pʌ́blɪʃ] パブリッシ				動 を出版する；を正式に発表する
220 **serve** [sə:rv] サ～ヴ				動 (の)役に立つ；に食事を出す；に奉仕する

2 記憶から引き出す

意味	ID	単語を書こう
動 を象徴する	208	
動 を設立する；(理論・地位)を確立する	217	
動 と思う	201	
動 を設立する；の基礎を作る	218	
動 を特定する	209	
動 のほうを好む	215	
動 意思を通じ合う	213	
動 (たぶん)(…だ)と思う(that節)	202	
動 を想像する	203	
動 を表現する	207	

意味	ID	単語を書こう
動 を設計する	216	
動 (の)役に立つ	220	
動 を決定する	206	
動 と思う	205	
動 を(～と)見なす(as)	204	
動 に言及する	210	
動 を解決する	211	
動 を証明する	212	
動 を尊敬する	214	
動 を出版する	219	

3 Drill 10の復習テスト

✓	単語 なぞって書く	ID	意味を書こう
	somehow	199	
	rather	196	
	positive	191	
	typical	190	
	correct	188	
	passive	193	
	mental	195	
	available	189	
	instead	197	
	physical	194	

✓	単語 なぞって書く	ID	意味を書こう
	financial	181	
	negative	192	
	familiar	185	
	normal	184	
	appropriate	186	
	expensive	182	
	otherwise	198	
	various	183	
	necessary	187	
	somewhat	200	

忘れていた単語は，p.42 の My Word List へ GO

Drill **12** 1 書いて記憶 [単語番号：221 ～ 240]

学習日：　　月　　日

単語	1回目 意味を確認して単語を書く	2回目 発音しながら単語を書く	3回目 意味に合う単語を書く	意味
221 **supply** 発 [səpláɪ] サプ**ラ**イ				動 を供給する 名 供給
222 **apply** [əpláɪ] アプ**ラ**イ				動 申し込む；を適用する；当てはまる
223 **treat** [triːt] トゥ**リー**ト				動 を扱う；を治療する；におごる 名 ごちそう，楽しみ；(one's ～)おごり
224 **search** 発 [səːrtʃ] **サ**～チ				動 (場所など)を探す，捜索する；を検索する 名 検索；捜索
225 **prepare** ア [prɪpéər] プリ**ペ**ア				動 (を)準備する
226 **protect** [prətékt] プロ**テ**クト				動 を保護する
227 **pick** [pɪk] **ピ**ック				動 を選び取る；を摘む
228 **fit** [fɪt] **ふィ**ット				動 (に)ぴったり合う；うまく合う 形 適した 名 ぴったり合うこと
229 **gain** [geɪn] **ゲ**イン				動 を(努力して)手に入れる；を増す；(時計が)進む 名 増加；利益
230 **enter** [éntər] **エ**ンタァ				動 に入る
231 **spread** 発 [spred] スプ**レ**ッド				動 広がる；を広げる 名 広まり
232 **advance** [ədvǽns] アド**ヴァ**ンス				動 前進する；を進める 名 前進；進歩
233 **tend** [tend] **テ**ンド				動 傾向がある
234 **depend** [dɪpénd] ディ**ペ**ンド				動 依存する；頼る；左右される
235 **exist** 発 [ɪgzíst] イグ**ズィ**スト				動 存在する；生存する
236 **decline** [dɪkláɪn] ディク**ラ**イン				動 減る，衰える；を(丁重に)断る 名 減少，衰退
237 **decrease** [diːkríːs] ディ(ー)ク**リー**ス				動 減る；を減らす 名 アク別 減少
238 **waste** [weɪst] **ウェ**イスト				動 を浪費する 名 無駄；(しばしば～s)廃棄物
239 **damage** ア [dǽmɪdʒ] **ダ**メッヂ				動 (物・体の一部)に損害を与える 名 損害
240 **suffer** [sʌ́fər] **サ**ふァ				動 苦しむ；(苦痛)を経験する

2 記憶から引き出す

意味	ID	単語を書こう	意味	ID	単語を書こう
動 申し込む	222		動 を扱う	223	
動 存在する	235		動 減る	237	
動 (場所など)を探す，捜索する	224		動 を選び取る	227	
動 苦しむ	240		動 傾向がある	233	
動 を浪費する	238		動 に入る	230	
動 (に)ぴったり合う	228		動 (を)準備する	225	
動 を供給する	221		動 を(努力して)手に入れる	229	
動 前進する	232		動 (物・体の一部)に損害を与える	239	
動 を保護する	226		動 広がる	231	
動 減る，衰える	236		動 依存する	234	

3 Drill 11 の復習テスト

✓	単語 なぞって書く	ID	意味を書こう	✓	単語 なぞって書く	ID	意味を書こう
	serve	220			determine	206	
	wish	205			prove	212	
	wonder	201			respect	214	
	communicate	213			regard	204	
	imagine	203			publish	219	
	express	207			prefer	215	
	represent	208			identify	209	
	suppose	202			establish	217	
	mention	210			solve	211	
	design	216			found	218	

忘れていた単語は，p.42 の My Word List へ Go

Drill 13 **1 書いて記憶** [単語番号：241 ～ 260]

学習日：　　月　　日

単語	1回目 意味を確認して単語を書く	2回目 発音しながら単語を書く	3回目 意味に合う単語を書く	意味
241 **act** [ækt] アクト				動 行動する；役を務める 名 (1回の)行為；〔しばしばA～〕法令
242 **perform** [pərfɔ́ːrm] パふォーム				動 を行う；を果たす；を演じる
243 **species** 発 [spíːʃiːz] スピーシーズ				名 (生物の)種[しゅ]；〔the / our ～〕人類
244 **variety** 発 ア [vəráɪəti] ヴァライエティ				名 多様(性)；種類
245 **degree** [dɪgríː] ディグリー				名 程度；(温度などの)度；(大学の)学位
246 **range** 発 [reɪndʒ] レインヂ				名 範囲；並び；(同種のものの)集まり 動 範囲にわたる
247 **standard** [stǽndərd] スタンダド				名 水準，基準 形 標準の
248 **medium** 発 [míːdiəm] ミーディアム				名 (伝達などの)媒体；手段；中間 形 中間の
249 **advantage** 発 ア [ədvǽntɪdʒ] アドヴァンテッヂ				名 有利な点
250 **task** [tæsk] タスク				名 (課された)任務，仕事；(学習の)課題
251 **rest** [rest] レスト				名 〔the ～〕残り；〔the ～〕その他の物[人々]；休息 動 休む；を休ませる
252 **purpose** 発 [pə́ːrpəs] パ～パス				名 目的
253 **feature** [fíːtʃər] ふィーチャ				名 特徴；〔普通～s〕顔つき；特集記事[番組]　動 を呼び物にする；を主演させる
254 **factor** [fǽktər] ふァクタァ				名 要因，要素
255 **shape** [ʃeɪp] シェイプ				名 形；体調 動 を形作る
256 **image** 発 ア [ímɪdʒ] イメッヂ				名 イメージ，印象；映像 動 を心に描く
257 **detail** [díːteɪl] ディーテイる				名 〔～s〕詳細(な情報)；細部
258 **character** ア [kǽrəktər] キャラクタァ				名 性格；特徴；登場人物；文字
259 **function** [fʌ́ŋkʃən] ふァンクション				名 機能；職務 動 機能する
260 **structure** [strʌ́ktʃər] ストゥラクチャ				名 構造；建築物

2 記憶から引き出す

意味	ID	単語を書こう
名 程度	245	
名 特徴	253	
名 要因，要素	254	
名 (生物の)種	243	
名 (伝達などの)媒体	248	
名 イメージ，印象	256	
名 残り	251	
名 範囲	246	
名 有利な点	249	
名 機能	259	

意味	ID	単語を書こう
名 性格	258	
動 行動する	241	
名 構造	260	
名 水準，基準	247	
名 (課された)任務，仕事	250	
名 目的	252	
名 多様(性)	244	
名 詳細(な情報)	257	
名 形	255	
動 を行う	242	

3 Drill 12の復習テスト

✓	単語 なぞって書く	ID	意味を書こう
	search	224	
	advance	232	
	waste	238	
	enter	230	
	treat	223	
	apply	222	
	protect	226	
	tend	233	
	exist	235	
	prepare	225	

✓	単語 なぞって書く	ID	意味を書こう
	fit	228	
	suffer	240	
	gain	229	
	decrease	237	
	damage	239	
	spread	231	
	pick	227	
	depend	234	
	decline	236	
	supply	221	

忘れていた単語は，p.42 の My Word List へ GO

Drill 14 **1** 書いて記憶 [単語番号：261 ～ 280] 学習日：　月　日

単語	1回目 意味を確認して単語を書く	2回目 発音しながら単語を書く	3回目 意味に合う単語を書く	意味
261 **ground** [graʊnd] グラウンド				名 地上；用地；(普通~s)根拠 動 (普通受身形で)の根拠を置く
262 **influence** ㋐[ínfluəns] インふるエンス				名 影響；影響力のある人 動 に影響を及ぼす
263 **disease** 発 [dɪzíːz] ディズィーズ				名 病気
264 **pain** [peɪn] ペイン				名 痛み；(~s)骨折り，苦労 動 に苦痛を与える；(身体の一部が)痛む
265 **medicine** [médsən] メドゥス(ィ)ン				名 薬；医学
266 **death** [deθ] デす				名 死
267 **fear** 発 [fɪər] ふィア				名 恐怖(心)；不安 動 を恐れる；を心配する
268 **memory** [méməri] メモリィ				名 記憶(力)；思い出
269 **emotion** [ɪmóuʃən] イモウション				名 (喜怒哀楽の)感情；感動
270 **movement** [múːvmənt] ムーヴメント				名 (政治的な)運動；動き
271 **region** 発 [ríːdʒən] リーヂョン				名 (広大な)地域；行政区；領域
272 **climate** [kláɪmət] クらイメット				名 (長期的な)気候；風潮
273 **temperature** [témpərətʃər] テンペラチャ				名 体温；(病気の)熱；温度
274 **community** [kəmjúːnəti] コミューニティ				名 地域社会；共同体
275 **population** [pɑ̀(ː)pjuléɪʃən] パ(ー)ピュれイション				名 人口；(ある地域の)(全)住民；(動物の)総数
276 **generation** [dʒènəréɪʃən] ヂェネレイション				名 世代；発生；生産
277 **present** ㋐[prézənt] プレズント				形 出席している；現在の；存在している 名 現在 動 発別 を提示する
278 **recent** 発 ㋐[ríːsənt] リースント				形 最近の
279 **current** [kə́ːrənt] カ～レント				形 現在の 名 (水・空気などの)流れ；電流；風潮
280 **ancient** 発 [éɪnʃənt] エインシェント				形 古代の；昔からの

2 記憶から引き出す

意味	ID	単語を書こう
名 記憶(力)	268	
名 (喜怒哀楽の)感情	269	
名 地上	261	
名 体温	273	
名 (政治的な)運動	270	
形 出席している	277	
名 (広大な)地域	271	
名 痛み	264	
名 病気	263	
名 (長期的な)気候	272	

意味	ID	単語を書こう
名 地域社会	274	
名 薬	265	
名 影響	262	
形 古代の	280	
名 人口	275	
名 世代	276	
形 現在の	279	
形 最近の	278	
名 恐怖(心)	267	
名 死	266	

3 Drill 13の復習テスト

✓	単語 なぞって書く	ID	意味を書こう
	function	259	
	degree	245	
	perform	242	
	species	243	
	detail	257	
	variety	244	
	feature	253	
	medium	248	
	task	250	
	structure	260	

✓	単語 なぞって書く	ID	意味を書こう
	image	256	
	advantage	249	
	purpose	252	
	factor	254	
	character	258	
	rest	251	
	standard	247	
	shape	255	
	act	241	
	range	246	

忘れていた単語は，p.42 の My Word List へ GO

1 書いて記憶 [単語番号：281 ～ 300]

学習日：　月　日

単語	1回目 意味を確認して単語を書く	2回目 発音しながら単語を書く	3回目 意味に合う単語を書く	意味
281 **previous** 発 [príːviəs] プリーヴィアス				形 前の
282 **serious** [síəriəs] スィ(ア)リアス				形 真剣な；深刻な；まじめな
283 **careful** [kéərfəl] ケアふる				形 注意深い
284 **responsible** [rɪspá(ː)nsəbl] リスパ(ー)ンスィブる				形 責任がある
285 **active** [ǽktɪv] アクティヴ				形 活動的な；積極的な
286 **afraid** [əfréɪd] アふレイド				形 恐れて
287 **aware** [əwéər] アウェア				形 気づいて
288 **patient** 発 [péɪʃənt] ペイシェント				形 我慢強い 名 患者
289 **whole** [houl] ホウる				形 全体の；全部の 名 〔the ～〕全体
290 **low** 発 [lou] ろウ				形 低い；(値段が)安い 副 低く；安く
291 **huge** [hjuːdʒ] ヒューヂ				形 巨大な；莫大[ばくだい]な
292 **blank** [blæŋk] ブらンク				形 空白の；うつろな 名 空白
293 **central** [séntrəl] セントゥラる				形 中心的な
294 **safe** [seɪf] セイふ				形 安全な；差し支えない 名 金庫
295 **wild** [waɪld] ワイるド				形 野生の；乱暴な；熱狂した
296 **eventually** [ɪvéntʃuəli] イヴェンチュアりィ				副 結局(は)；ついに(は)
297 **unfortunately** [ʌnfɔ́ːrtʃənətli] アンふォーチュネットりィ				副 残念なことに
298 **seemingly** [síːmɪŋli] スィーミングりィ				副 見たところ；見た目には
299 **afterward** [ǽftərwərd] アふタワド				副 後で
300 **altogether** [ɔ̀ːltəgéðər] オーるトゥゲざァ				副 完全に；全部で

2 記憶から引き出す

意味	ID	単語を書こう
形 野生の	295	
副 結局(は)	296	
形 中心的な	293	
形 前の	281	
形 低い	290	
形 注意深い	283	
形 安全な	294	
形 全体の	289	
副 見たところ	298	
形 空白の	292	

意味	ID	単語を書こう
形 真剣な	282	
形 気づいて	287	
副 完全に	300	
形 責任がある	284	
形 恐れて	286	
副 後で	299	
副 残念なことに	297	
形 巨大な	291	
形 活動的な	285	
形 我慢強い	288	

3 Drill 14の復習テスト

✔	単語 なぞって書く	ID	意味を書こう
	disease	263	
	region	271	
	present	277	
	population	275	
	pain	264	
	medicine	265	
	movement	270	
	emotion	269	
	memory	268	
	ancient	280	

✔	単語 なぞって書く	ID	意味を書こう
	current	279	
	temperature	273	
	community	274	
	climate	272	
	generation	276	
	ground	261	
	death	266	
	fear	267	
	influence	262	
	recent	278	

忘れていた単語は，p.42 の My Word List へ GO

My Word List　Drill 10～14
～覚えていなかった単語～

単語	意味

単語	意味

最低「5回」は書いて絶対に覚えよう！

Part 1 Section 4

Drill 16 44
Drill 17 46
Drill 18 48
Drill 19 50
Drill 20 52
My Word List 54

Drill **16** **1** 書いて記憶 [単語番号：301 ～ 320]

学習日：　　月　　日

単語	1回目 意味を確認して単語を書く	2回目 発音しながら単語を書く	3回目 意味に合う単語を書く	意味
301 **assume** [əsjúːm] アス(ュ)ーム				動 当然と思う；と仮定する；(責任)を引き受ける
302 **guess** 発 [ges] ゲス				動 と思う；を推測する 名 推測
303 **associate** [əsóuʃièɪt] アソウシエイト				動 から連想する；交際する
304 **desire** [dɪzáɪər] ディザイア				動 を強く望む 名 欲望
305 **indicate** [índɪkèɪt] インディケイト				動 を示す；を指摘する
306 **respond** [rɪspá(ː)nd] リスパ(ー)ンド				動 応答する；反応する
307 **reply** [rɪpláɪ] リプライ				動 返事を出す 名 返事，答え
308 **attempt** [ətémpt] アテン(プ)ト				動 を試みる 名 試み，企て
309 **manage** 発 ア [mǽnɪdʒ] マネヂ				動 をなんとかやり遂げる；をうまく扱う；を経営する
310 **maintain** [meɪntéɪn] メインテイン				動 を維持する；を主張する

単語	1回目	2回目	3回目	意味
311 **unite** [junáɪt] ユナイト				動 (を)結合する
312 **join** [dʒɔɪn] ヂョイン				動 (会・団体・人)に加わる；参加する；をつなぐ
313 **attract** [ətrǽkt] アトゥラクト				動 を引きつける
314 **match** [mætʃ] マッチ				動 (と)調和する；に匹敵する 名 試合；競争相手；よく合う物[人]
315 **attack** [ətǽk] アタック				動 を襲う，攻撃する；を非難する 名 攻撃；非難；発作
316 **seek** [siːk] スィーク				動 を探し求める；(…しよう)と努める(to *do*)
317 **engage** [ɪngéɪdʒ] インゲイヂ				動 従事する；を従事させる；を引き入れる；を約束する
318 **succeed** [səksíːd] サクスィード				動 成功する；継承する
319 **marry** [mǽri] マリィ				動 と結婚する
320 **attend** [əténd] アテンド				動 に出席する；世話をする

2 記憶から引き出す

意味	ID	単語を書こう
動 従事する	317	
動 (会・団体・人)に加わる	312	
動 当然と思う	301	
動 (と)調和する	314	
動 を襲う，攻撃する	315	
動 を示す	305	
動 (を)結合する	311	
動 と思う	302	
動 から連想する	303	
動 を試みる	308	

意味	ID	単語を書こう
動 をなんとかやり遂げる	309	
動 返事を出す	307	
動 を探し求める	316	
動 を維持する	310	
動 を引きつける	313	
動 を強く望む	304	
動 応答する	306	
動 と結婚する	319	
動 成功する	318	
動 に出席する	320	

3 Drill 15の復習テスト

✓	単語 なぞって書く	ID	意味を書こう
	whole	289	
	huge	291	
	previous	281	
	low	290	
	active	285	
	blank	292	
	wild	295	
	afterward	299	
	afraid	286	
	unfortunately	297	

✓	単語 なぞって書く	ID	意味を書こう
	aware	287	
	altogether	300	
	responsible	284	
	central	293	
	eventually	296	
	safe	294	
	serious	282	
	careful	283	
	patient	288	
	seemingly	298	

忘れていた単語は，p.54 の My Word List へ GO

1 書いて記憶 [単語番号：321 ～ 340]

学習日：　　月　　日

単語	1回目 意味を確認して単語を書く	2回目 発音しながら単語を書く	3回目 意味に合う単語を書く	意味
321 **satisfy** ア [sǽtɪsfàɪ] サティスふァイ				動 を満足させる
322 **survive** ア [sərváɪv] サヴァイヴ				動 (を)(切り抜けて)生き残る；より長生きする
323 **promote** ア [prəmóut] プロモウト				動 を促進する；〔普通受身形で〕昇格する
324 **earn** [ə:rn] アーン				動 を稼ぐ；得る
325 **feed** [fi:d] ふィード				動 に食べ物を与える；物を食べる；えさとして食べる
326 **taste** [teɪst] テイスト				動 ～の味がする；の味をみる 名 味；〔しばしば the ～〕味覚；好み
327 **smell** [smel] スメる				動 ～のにおいがする；のにおいをかぐ 名 におい
328 **adapt** [ədǽpt] アダプト				動 順応する；を適合させる
329 **adopt** [ədá(:)pt] アダ(ー)プト				動 (考え・方針)を採用する；を養子にする
330 **adjust** [ədʒʌ́st] アヂャスト				動 を調節する；順応する
331 **separate** ア [sépərèɪt] セパレイト				動 を分離する；分かれる 形 発 分離した；別個の
332 **exchange** 発 [ɪkstʃéɪndʒ] イクスチェインヂ				動 (を)交換する 名 交換；両替
333 **replace** [rɪpléɪs] リプれイス				動 を取り替える；に取って代わる
334 **remove** [rɪmú:v] リムーヴ				動 を取り去る
335 **release** [rɪlí:s] リリース				動 (ガスなど)を放出する；を解放する；を新発売する 名 放出；解放；発表
336 **disappear** [dìsəpíər] ディサピア				動 姿を消す
337 **observe** [əbzə́:rv] オブザーヴ				動 を観察する；に気づく；述べる；(規則など)を守る
338 **estimate** 発 [éstɪmèɪt] エスティメイト				動 と推定する；を見積もる；を評価する 名 発 概算
339 **reveal** [rɪví:l] リヴィーる				動 を明らかにする，暴露する
340 **emerge** [ɪmə́:rdʒ] イマーヂ				動 現れる；明らかになる

2 記憶から引き出す

意味	ID	単語を書こう
動 を促進する	323	
動 姿を消す	336	
動 を満足させる	321	
動 を観察する	337	
動 を稼ぐ	324	
動 を明らかにする，暴露する	339	
動 と推定する	338	
動 （考え・方針）を採用する	329	
動 を取り去る	334	
動 を取り替える	333	

意味	ID	単語を書こう
動 ～の味がする	326	
動 （を）（切り抜けて）生き残る	322	
動 を分離する	331	
動 に食べ物を与える	325	
動 順応する	328	
動 （を）交換する	332	
動 （ガスなど）を放出する	335	
動 ～のにおいがする	327	
動 を調節する	330	
動 現れる	340	

3 Drill 16の復習テスト

✔	単語 なぞって書く	ID	意味を書こう
	guess	302	
	indicate	305	
	respond	306	
	seek	316	
	maintain	310	
	attempt	308	
	desire	304	
	engage	317	
	marry	319	
	succeed	318	

✔	単語 なぞって書く	ID	意味を書こう
	unite	311	
	attend	320	
	join	312	
	manage	309	
	reply	307	
	associate	303	
	attack	315	
	match	314	
	attract	313	
	assume	301	

忘れていた単語は，p.54 の My Word List へ GO

Drill **18**

1 書いて記憶 [単語番号：341 ～ 360]

学習日：　　月　　日

単語	1回目 意味を確認して単語を書く	2回目 発音しながら単語を書く	3回目 意味に合う単語を書く	意味
341 **arise** [əráiz] アライズ				動 (問題・困難・機会などが)生じる
342 **citizen** [sítəzən] スィティズン				名 国民；市民
343 **career** 発 アク [kəríər] カリア				名 経歴；(生涯の)職業
344 **income** アク [ínkʌ̀m] インカム				名 (定期)収入
345 **billion** [bíljən] ビリョン				名 10億 形 10億の
346 **bill** [bɪl] ビる				名 請求書，英 勘定(書)；米 紙幣；法案
347 **charge** [tʃɑːrdʒ] チャーヂ				名 (サービスに対する)料金；管理；非難；充電 動 を請求する；を非難する
348 **item** [áɪtəm] アイテム				名 品目，項目
349 **scale** [skeɪl] スケイる				名 規模；尺度
350 **site** [saɪt] サイト				名 場所，用地；遺跡
351 **section** [sékʃən] セクション				名 部分；(文書などの)節；(会社などの)部門
352 **crop** [krɑ(ː)p] クラ(ー)ップ				名 〔しばしば～s〕(農)作物；収穫(高)
353 **diet** [dáɪət] ダイエット				名 (日常の)食事；ダイエット；〔普通 the D～〕(日本などの)国会
354 **source** [sɔːrs] ソース				名 源；〔普通～s〕出所[でどころ]
355 **resource** [ríːsɔːrs] リーソース				名 〔普通～s〕資源；〔普通～s〕資金
356 **moment** [móumənt] モウメント				名 瞬間；(特定の)時点
357 **decade** [dékeɪd] デケイド				名 10年間
358 **stage** [steɪdʒ] ステイヂ				名 (発達・変化の)段階；舞台
359 **aspect** アク [ǽspèkt] アスペクト				名 (物事の)側面；観点
360 **sort** [sɔːrt] ソート				名 種類 動 を分類する

2 記憶から引き出す

意味	ID	単語を書こう
名 (発達・変化の)段階	358	
名 資源	355	
名 種類	360	
名 10億	345	
名 10年間	357	
名 (日常の)食事	353	
名 国民	342	
名 瞬間	356	
名 場所，用地	350	
名 (定期)収入	344	

意味	ID	単語を書こう
名 規模	349	
名 部分	351	
名 (農)作物	352	
名 経歴	343	
名 (サービスに対する)料金	347	
名 請求書，英 勘定(書)	346	
名 (物事の)側面	359	
名 源	354	
名 品目，項目	348	
動 (問題・困難・機会などが)生じる	341	

3 Drill 17の復習テスト

✓	単語 なぞって書く	ID	意味を書こう
	release	335	
	emerge	340	
	satisfy	321	
	reveal	339	
	exchange	332	
	earn	324	
	feed	325	
	adjust	330	
	promote	323	
	replace	333	

✓	単語 なぞって書く	ID	意味を書こう
	disappear	336	
	adopt	329	
	estimate	338	
	taste	326	
	smell	327	
	separate	331	
	remove	334	
	adapt	328	
	observe	337	
	survive	322	

忘れていた単語は，p.54 の My Word List へ Go

Drill 19　1 書いて記憶 [単語番号：361 ～ 380]

学習日：　　月　　日

単語	1回目 意味を確認して単語を書く	2回目 発音しながら単語を書く	3回目 意味に合う単語を書く	意味
361 **instance** ア [ínstəns] **イ**ンスタンス				名 (具体)例；場合
362 **link** [lɪŋk] **リ**ンク				名 関連，つながり 動 をつなぐ；を関連づける
363 **contrast** ア [ká(:)ntræ̀st] **カ**(ー)ントゥラスト				名 対照；差異 動 発別 を対比させる；対照をなす
364 **access** ア [ǽkses] **ア**クセス				名 利用，入手；接近 動 に接続する；に近づく
365 **device** [dɪváɪs] ディ**ヴァ**イス				名 装置；工夫
366 **survey** ア [sə́:rveɪ] サ～**ヴェ**イ				名 (アンケートによる意識などの)調査；概観；測量　動 発別 を調査する
367 **technique** 発 ア [tekní:k] テク**ニ**ーク				名 技術；技巧
368 **content** ア [ká(:)ntent] **カ**(ー)ンテント				名 [~s] 中身；(本・手紙などの)内容；目次　形 発別 満足して　動 発別 を満足させる
369 **surface** 発 ア [sə́:rfəs] **サ**～ふェス				名 表面；[the ~] 外見
370 **concept** ア [ká(:)nsèpt] **カ**(ー)ンセプト				名 概念；考え
371 **difficulty** [dífɪkəlti] **ディ**ふィカるティ				名 困難，苦労
372 **trouble** [trʌ́bl] トゥ**ラ**ブる				名 困難；悩み；(機械などの)故障 動 を悩ます；に迷惑をかける
373 **crime** [kraɪm] ク**ラ**イム				名 犯罪
374 **attitude** ア [ǽtətjù:d] **ア**ティテュード				名 態度；考え方
375 **habit** [hǽbɪt] **ハ**ビット				名 (個人的な)習慣；癖
376 **whatever** ア [hwʌtévər] (フ)ワッ**テ**ヴァ				名 たとえ何を…しても，たとえ何が…であろうと 副 少しも，まったく
377 **urban** [ə́:rbən] **ア**～バン				形 都市の
378 **rural** [rúərəl] **ル**(ア)らる				形 田園の，田舎の
379 **local** [lóukəl] **ろ**ウカる				形 その土地の，地元の；局所の 名 米 (各駅停車の)列車[バス]
380 **native** [néɪtɪv] **ネ**イティヴ				形 生まれた土地の；その土地[国]固有の 名 その土地[国]に生まれた人

2 記憶から引き出す

意味	ID	単語を書こう
形 都市の	377	
名 利用，入手	364	
名 困難	372	
名 犯罪	373	
形 田園の，田舎の	378	
名 技術	367	
名 対照	363	
形 生まれた土地の	380	
名 装置	365	
名 関連，つながり	362	

意味	ID	単語を書こう
名 (具体)例	361	
名 態度	374	
名 概念	370	
名 たとえ何を…しても，たとえ何が…であろうと	376	
名 中身	368	
名 表面	369	
名 困難，苦労	371	
名 (個人的な)習慣	375	
名 (アンケートによる意識などの)調査	366	
形 その土地の，地元の	379	

3 Drill 18の復習テスト

✓	単語 なぞって書く	ID	意味を書こう
	source	354	
	income	344	
	stage	358	
	decade	357	
	career	343	
	sort	360	
	scale	349	
	moment	356	
	bill	346	
	arise	341	

✓	単語 なぞって書く	ID	意味を書こう
	resource	355	
	crop	352	
	item	348	
	aspect	359	
	billion	345	
	site	350	
	charge	347	
	citizen	342	
	section	351	
	diet	353	

忘れていた単語は，p.54 の My Word List へ GO

Drill 20 1 書いて記憶 [単語番号：381 ～ 400]

学習日：　　月　　日

単語	1回目 意味を確認して単語を書く	2回目 発音しながら単語を書く	3回目 意味に合う単語を書く	意味
381 **smart** [smɑːrt] スマート				形 頭のよい；(装いが)洗練された
382 **intelligent** [ɪntélɪdʒənt] インテリヂェント				形 知能の高い，聡明な
383 **intellectual** ア [ìntəléktʃuəl] インテれクチュアる				形 知的な；知性がある 名 知識人
384 **potential** [pəténʃəl] ポテンシャる				形 潜在的な 名 潜在能力；可能性
385 **moral** [mɔ́(ː)rəl] モ(ー)らる				形 道徳(上)の；道徳的な 名 (~s)道徳，倫理；教訓
386 **private** 発 ア [práɪvət] プライヴェット				形 個人的な；私有の；私立の
387 **equal** 発 ア [íːkwəl] イークワる				形 等しい；平等な 動 に等しい；に匹敵する
388 **fair** [feər] ふェア				形 公正な；(数量などが)かなりの 副 公正に
389 **entire** [ɪntáɪər] インタイア				形 全体の
390 **initial** ア [ɪníʃəl] イニシャる				形 初期の；語頭の 名 頭文字
391 **essential** [ɪsénʃəl] イセンシャる				形 必要不可欠な；本質的な 名 (普通~s) 本質的要素；必須事項
392 **significant** ア [sɪgnífɪkənt] スィグニふィカント				形 重要な；意義深い
393 **terrible** [térəbl] テリブる				形 ひどい；恐ろしい
394 **digital** [dídʒətəl] ディヂトゥる				形 デジタル(方式)の
395 **direct** [dərékt] ディレクト				形 直接の；率直な 動 を指揮する；を向ける
396 **nearly** [níərli] ニアリィ				副 もう少しで；ほとんど
397 **merely** 発 [míərli] ミアリィ				副 単に
398 **seldom** [séldəm] セるダム				副 めったに…ない
399 **lately** [léɪtli] れイトリィ				副 最近
400 **apart** [əpɑ́ːrt] アパート				副 (空間・時間的に)離れて；別々に

2 記憶から引き出す

意味	ID	単語を書こう
形 道徳(上)の	385	
形 重要な	392	
副 単に	397	
形 公正な	388	
形 デジタル(方式)の	394	
形 潜在的な	384	
副 (空間・時間的に)離れて	400	
形 全体の	389	
形 必要不可欠な	391	
形 直接の	395	
副 最近	399	
形 頭のよい	381	
形 個人的な	386	
形 知能の高い，聡明な	382	
形 知的な	383	
形 ひどい	393	
副 もう少しで	396	
副 めったに…ない	398	
形 初期の	390	
形 等しい	387	

3 Drill 19の復習テスト

✔	単語 なぞって書く	ID	意味を書こう
	local	379	
	access	364	
	crime	373	
	technique	367	
	difficulty	371	
	device	365	
	trouble	372	
	instance	361	
	attitude	374	
	surface	369	
	urban	377	
	habit	375	
	content	368	
	concept	370	
	link	362	
	whatever	376	
	rural	378	
	native	380	
	survey	366	
	contrast	363	

忘れていた単語は，p.54 の My Word List へ GO

My Word List Drill 15 ～ 19
～覚えていなかった単語～

単語	意味

単語	意味

最低「５回」は書いて絶対に覚えよう！

Part 1 Section 5

Drill 21 56

Drill 22 58

Drill 23 60

Drill 24 62

Drill 25 64

My Word List 66

Drill **21**

1 書いて記憶 [単語番号：401 ～ 420]

学習日：　　月　　日

単語	1回目 意味を確認して単語を書く	2回目 発音しながら単語を書く	3回目 意味に合う単語を書く	意味
401 **trust** [trʌst] トゥラスト				動 を信頼する 名 信頼；委託
402 **promise** [prá(:)məs] プラ(ー)ミス				動 を約束する 名 約束；将来性
403 **predict** ア [prɪdíkt] プリディクト				動 を予測する；を予言する
404 **reflect** [rɪflékt] リふれクト				動 を反映する；を反射する；熟考する
405 **recall** ア [rɪkɔ́:l] リコーる				動 を思い出す 名 記憶(力)；(欠陥品などの)回収
406 **rely** 発 ア [rɪláɪ] リらイ				動 頼る
407 **commit** [kəmít] コミット				動 (罪・過失など)を犯す；(金・人・時間など)を投入する；深く関わる
408 **appreciate** 発 ア [əprí:ʃièɪt] アプリーシエイト				動 をありがたく思う；を正しく認識[評価]する；を鑑賞する
409 **praise** 発 [preɪz] プレイズ				動 を褒める 名 賞賛
410 **doubt** 発 [daʊt] ダウト				動 を疑わしいと思う；ではないと思う 名 疑い
411 **complain** [kəmpléɪn] コンプれイン				動 不平を言う
412 **ignore** ア [ɪgnɔ́:r] イグノー				動 を無視する
413 **warn** 発 [wɔ:rn] ウォーン				動 に警告する
414 **gather** [gǽðər] ギャざァ				動 を集める，拾い集める；集まる
415 **acquire** [əkwáɪər] アクワイア				動 (習慣など)を身に付ける；を得る
416 **examine** [ɪgzǽmɪn] イグザミン				動 を調べる；を検査する；を診察する
417 **score** [skɔ:r] スコー				動 (試合・テストで)(点)をとる；を採点する 名 得点
418 **judge** 発 [dʒʌdʒ] ヂャッヂ				動 を判断する；を審査する 名 裁判官；審査員
419 **select** [səlékt] セれクト				動 を選び出す 形 選ばれた；高級な
420 **divide** [dɪváɪd] ディヴァイド				動 を分ける 名 (意見などの)相違；境界線

2 記憶から引き出す

意味	ID	単語を書こう
動 を無視する	412	
動 を判断する	418	
動 を選び出す	419	
動 をありがたく思う	408	
動 を思い出す	405	
動 を調べる	416	
動 に警告する	413	
動 を分ける	420	
動 不平を言う	411	
動 を褒める	409	

意味	ID	単語を書こう
動 頼る	406	
動 (試合・テストで)(点)をとる	417	
動 を約束する	402	
動 を疑わしいと思う	410	
動 を反映する	404	
動 を信頼する	401	
動 を集める，拾い集める	414	
動 (習慣など)を身に付ける	415	
動 を予測する	403	
動 (罪・過失など)を犯す	407	

3 Drill 20の復習テスト

✓	単語 なぞって書く	ID	意味を書こう
	smart	381	
	intelligent	382	
	terrible	393	
	private	386	
	direct	395	
	merely	397	
	moral	385	
	potential	384	
	essential	391	
	significant	392	

✓	単語 なぞって書く	ID	意味を書こう
	fair	388	
	initial	390	
	digital	394	
	seldom	398	
	lately	399	
	intellectual	383	
	nearly	396	
	equal	387	
	entire	389	
	apart	400	

忘れていた単語は，p.66 の My Word List へ GO

Drill 22 **1 書いて記憶** [単語番号：421 ～ 440]

学習日：　　月　　日

単語	1回目 意味を確認して単語を書く	2回目 発音しながら単語を書く	3回目 意味に合う単語を書く	意味
421 **distinguish** 発 [dɪstíŋgwɪʃ] ディスティングウィッシ				動 を区別する；違いを見分ける
422 **graduate** [grǽdʒuèɪt] グラヂュエイト				動 卒業する 名 発音 卒業生
423 **shift** [ʃɪft] シふト				動 (位置・方針など)を変える；を移動させる；変わる 名 変化，転換
424 **hide** [haɪd] ハイド				動 を隠す；隠れる
425 **mix** [mɪks] ミックス				動 を混ぜる；混ざる 名 混合(物)；(水や熱を加えればできあがる)～の素[もと]
426 **fix** [fɪks] ふィックス				動 を修理する；を固定する；(日時・場所など)を決める
427 **display** アク [dɪspléɪ] ディスプれイ				動 を示す；を展示する 名 展示；発揮；(パソコンの)ディスプレー
428 **define** [dɪfáɪn] ディふァイン				動 を定義する
429 **invent** アク [ɪnvént] インヴェント				動 を発明する
430 **vary** 発 [véəri] ヴェ(ア)リィ				動 異なる，多様である；(多様に)変わる
431 **expand** [ɪkspǽnd] イクスパンド				動 を拡大する；広がる
432 **evolve** [ɪvá(:)lv] イヴァ(ー)るヴ				動 進化する，発展する；を発展させる
433 **confuse** [kənfjú:z] コンふューズ				動 を混同する；を困惑させる
434 **consume** [kənsjú:m] コンス(ュ)ーム				動 を消費する；を飲食する
435 **compete** [kəmpí:t] コンピート				動 競う
436 **repeat** アク [rɪpí:t] リピート				動 を繰り返す
437 **repair** [rɪpéər] リペア				動 を修理する 名 修理
438 **remind** [rɪmáɪnd] リマインド				動 に思い出させる
439 **refuse** [rɪfjú:z] リふューズ				動 を拒む；を断る
440 **reject** [rɪdʒékt] リヂェクト				動 を拒絶する

2 記憶から引き出す

意味	ID	単語を書こう
動 を消費する	434	
動 に思い出させる	438	
動 を示す	427	
動 を拡大する	431	
動 (位置・方針など)を変える	423	
動 進化する，発展する	432	
動 を隠す	424	
動 を混ぜる	425	
動 競う	435	
動 を繰り返す	436	

意味	ID	単語を書こう
動 を拒絶する	440	
動 を修理する	437	
動 卒業する	422	
動 を発明する	429	
動 を修理する	426	
動 を拒む	439	
動 を混同する	433	
動 を区別する	421	
動 異なる，多様である	430	
動 を定義する	428	

3 Drill 21の復習テスト

✔	単語 なぞって書く	ID	意味を書こう
	praise	409	
	ignore	412	
	judge	418	
	promise	402	
	predict	403	
	examine	416	
	acquire	415	
	rely	406	
	recall	405	
	score	417	

✔	単語 なぞって書く	ID	意味を書こう
	select	419	
	gather	414	
	divide	420	
	trust	401	
	doubt	410	
	commit	407	
	reflect	404	
	warn	413	
	complain	411	
	appreciate	408	

忘れていた単語は，p.66のMy Word Listへ GO

1 書いて記憶 [単語番号：441 ～ 460]

学習日：　　月　　日

単語	1回目 意味を確認して単語を書く	2回目 発音しながら単語を書く	3回目 意味に合う単語を書く	意味
441 **deny** 発 [dɪnáɪ] ディ**ナ**イ				動 を否定する；を拒む
442 **destroy** ア [dɪstrɔ́ɪ] ディストゥ**ロ**イ				動 を破壊する
443 **audience** [ɔ́:diəns] **オ**ーディエンス				名 観衆，聴衆；(映画などの)観客
444 **race** [reɪs] **レ**イス				名 民族，人種；競走
445 **conflict** ア [ká(:)nflɪkt] **カ**(ー)ンふりクト				名 争い；(利害の)衝突 動 〈発別〉 対立する
446 **debate** [dɪbéɪt] ディ**ベ**イト				名 論争 動 (を)討論する
447 **struggle** [strʌ́gl] ストゥ**ラ**グる				名 懸命の努力，奮闘；闘い 動 奮闘する；努力する
448 **strategy** [strǽtədʒi] ストゥ**ラ**テヂィ				名 戦略
449 **progress** ア [prá(:)grəs] プ**ラ**(ー)グレス				名 進歩；進行 動 〈発別〉 進歩する
450 **principle** [prínsəpəl] プ**リ**ンスィプる				名 原則，原理；主義
451 **element** [élɪmənt] **エ**れメント				名 要素
452 **origin** ア [ɔ́(:)rɪdʒɪn] **オ**(ー)リヂン				名 起源
453 **birth** [bəːrθ] **バ**～す				名 出産；誕生
454 **ancestor** ア [ǽnsèstər] **ア**ンセスタァ				名 祖先
455 **cell** [sel] **セ**る				名 細胞；小個室
456 **gene** [dʒi:n] **ヂ**ーン				名 遺伝子
457 **scene** 発 [si:n] **スィ**ーン				名 場面；(事件などのあった)場所；風景
458 **trend** [trend] トゥ**レ**ンド				名 傾向；流行
459 **traffic** [trǽfɪk] トゥ**ラ**ふィック				名 交通(量)
460 **track** [træk] トゥ**ラ**ック				名 〔普通～s〕(車などが通った)跡；走路；線路 動 ～の跡をたどる

2 記憶から引き出す

意味	ID	単語を書こう
名 遺伝子	456	
名 要素	451	
名 場面	457	
名 (車などが通った)跡	460	
名 出産	453	
名 観衆，聴衆	443	
名 起源	452	
名 進歩	449	
名 争い	445	
名 細胞	455	

意味	ID	単語を書こう
名 戦略	448	
名 傾向	458	
名 懸命の努力，奮闘	447	
名 民族，人種	444	
名 原則，原理	450	
動 を否定する	441	
動 を破壊する	442	
名 論争	446	
名 交通(量)	459	
名 祖先	454	

3 Drill 22の復習テスト

✔	単語 なぞって書く	ID	意味を書こう
	remind	438	
	consume	434	
	mix	425	
	graduate	422	
	define	428	
	display	427	
	reject	440	
	fix	426	
	invent	429	
	repeat	436	

✔	単語 なぞって書く	ID	意味を書こう
	repair	437	
	vary	430	
	hide	424	
	shift	423	
	confuse	433	
	expand	431	
	refuse	439	
	compete	435	
	evolve	432	
	distinguish	421	

忘れていた単語は，p.66 の My Word List へ GO

Drill 24 **1** 書いて記憶 [単語番号：461 ～ 480]

学習日：　月　日

単語	1回目 意味を確認して単語を書く	2回目 発音しながら単語を書く	3回目 意味に合う単語を書く	意味
461 **series** [síəri:z] スィ(ア)リーズ				名 連続；(テレビ番組などの)続き物
462 **context** 発 ア [ká(:)ntekst] カ(ー)ンテクスト				名 状況；文脈
463 **background** ア [bǽkgràund] バックグラウンド				名 (景色・事件などの)背景；経歴
464 **basis** [béɪsɪs] ベイスィス				名 基準；基礎
465 **status** [stéɪtəs] ステイタス				名 地位，身分；社会的評価；状況
466 **volunteer** ア [vɑ̀(:)ləntíər] ヴァ(ー)らンティア				名 ボランティア；志願者 動 進んで引き受ける
467 **staff** [stæf] スタッふ				名 〔集合的に〕スタッフ，職員 動 〔普通受身形で〕に職員を配置されている
468 **duty** [djú:ti] デューティ				名 義務；〔しばしば～ties〕職務；関税
469 **labor** [léɪbər] れイバァ				名 労働；(肉体的・精神的)骨折り 動 労働する
470 **reward** 発 [rɪwɔ́:rd] リウォード				名 褒美[ほうび]；報酬；報奨金 動 に褒美を与える；に報いる
471 **aim** [eɪm] エイム				名 目的；ねらい 動 (武器・カメラなど)を向ける；ねらう
472 **fun** [fʌn] ふァン				名 楽しみ，おもしろいこと[人]
473 **crowd** [kraud] クラウド				名 群衆；観衆 動 (に)群がる
474 **revolution** [rèvəlú:ʃən] レヴォるーション				名 革命；回転
475 **poverty** [pá(:)vərti] パ(ー)ヴァティ				名 貧困
476 **consequence** [ká(:)nsəkwens] カ(ー)ンスィクウェンス				名 〔普通～s〕結果；〔主に否定文で〕重要性
477 **sequence** 発 [sí:kwəns] スィークウェンス				名 連続，(連続するものの)順番；一続き
478 **complex** [kɑ̀(:)mpléks] カ(ー)ンプれックス				形 複雑な；複合の 名 アク注 複合体
479 **complicated** [ká(:)mpləkèɪtɪd] カ(ー)ンプリケイティッド				形 複雑な
480 **false** [fɔ:ls] ふォーるス				形 誤った；うその；偽[にせ]の

2 記憶から引き出す

意味	ID	単語を書こう
名 スタッフ，職員	467	
名 楽しみ，おもしろいこと[人]	472	
名 (景色・事件などの)背景	463	
名 結果	476	
名 ボランティア	466	
名 貧困	475	
名 目的	471	
名 地位，身分	465	
形 誤った	480	
名 労働	469	

意味	ID	単語を書こう
名 褒美	470	
名 連続，(連続するものの)順番	477	
名 群衆	473	
名 義務	468	
名 革命	474	
名 連続	461	
形 複雑な；複合の	478	
形 複雑な	479	
名 基準	464	
名 状況	462	

3 Drill 23の復習テスト

✓	単語 なぞって書く	ID	意味を書こう
	debate	446	
	gene	456	
	destroy	442	
	traffic	459	
	birth	453	
	audience	443	
	conflict	445	
	element	451	
	struggle	447	
	deny	441	

✓	単語 なぞって書く	ID	意味を書こう
	progress	449	
	cell	455	
	trend	458	
	track	460	
	origin	452	
	strategy	448	
	principle	450	
	ancestor	454	
	race	444	
	scene	457	

忘れていた単語は，p.66 の My Word List へ GO

1 書いて記憶 [単語番号：481 ～ 500]

学習日：　　月　　日

単語	1回目 意味を確認して単語を書く	2回目 発音しながら単語を書く	3回目 意味に合う単語を書く	意味
481 **alternative** 発 ア [ɔːltə́ːrnətɪv] オールタ～ナティヴ				形 代替の；どちらか［どれか］1つの 名 代わるもの；選択肢
482 **extreme** [ɪkstríːm] イクストゥリーム				形 極端な 名 極端
483 **ideal** 発 ア [aɪdíːəl] アイディー(ア)る				形 理想的な 名 理想
484 **primary** 発 [práɪmèri] プライメリィ				形 最も重要な；最初の；初等の
485 **worth** 発 [wəːrθ] ワ～す				形 価値のある 名 価値
486 **obvious** 発 [á(ː)bviəs] ア(ー)ブヴィアス				形 明らかな
487 **legal** 発 [líːgəl] りーガる				形 法律(上)の；合法的な
488 **commercial** [kəmə́ːrʃəl] コマ～シャる				形 商業的な，営利的な；商業上の 名 (テレビなどの)コマーシャル
489 **artificial** ア [àːrtɪfíʃəl] アーティふィシャる				形 人工の
490 **chemical** 発 [kémɪkəl] ケミカる				形 化学(上)の 名 化学製品［薬品］
491 **biological** [bàɪəlá(ː)dʒɪkəl] バイオら(ー)ヂカる				形 生物(学)の
492 **former** [fɔ́ːrmər] ふォーマァ				形 元の；[the ～]前者の
493 **mobile** 発 [móubəl] モウビる				形 (物が)可動［移動］式の；(人が)動き回れる
494 **straight** [streɪt] ストゥレイト				形 真っすぐな；直立した；率直な 副 真っすぐに；直立して
495 **regular** [régjulər] レギュらァ				形 定期的な；規則正しい；通常の；正規の 名 [普通～s]常連(客)；正選手
496 **independent** ア [ìndɪpéndənt] インディペンデント				形 (人が)自立した；独立した
497 **overseas** [òuvərsíːz] オウヴァスィーズ				副 海外へ［に，で］ 形 海外の
498 **unlike** [ʌ̀nláɪk] アンらイク				前 ～と違って
499 **via** 発 [váɪə] ヴァイア				前 ～の媒介で；～経由で
500 **whereas** ア [hweərǽz] (フ)ウェアラズ				接 …だけれども；その一方で

2 記憶から引き出す

意味	ID	単語を書こう
前 ～と違って	498	
形 人工の	489	
形 商業的な，営利的な	488	
形 生物(学)の	491	
形 代替の	481	
形 極端な	482	
副 海外へ[に，で]	497	
形 (物が)可動[移動]式の	493	
形 明らかな	486	
形 最も重要な	484	

意味	ID	単語を書こう
形 理想的な	483	
接 …だけれども	500	
前 ～の媒介で	499	
形 真っすぐな	494	
形 (人が)自立した	496	
形 法律(上)の	487	
形 化学(上)の	490	
形 定期的な	495	
形 価値のある	485	
形 元の	492	

3 Drill 24の復習テスト

✔	単語 なぞって書く	ID	意味を書こう
	labor	469	
	false	480	
	basis	464	
	poverty	475	
	consequence	476	
	sequence	477	
	duty	468	
	staff	467	
	reward	470	
	crowd	473	

✔	単語 なぞって書く	ID	意味を書こう
	aim	471	
	fun	472	
	status	465	
	volunteer	466	
	complex	478	
	revolution	474	
	complicated	479	
	series	461	
	background	463	
	context	462	

忘れていた単語は，p.66 の My Word List へ GO

My Word List　Drill 20～24

～覚えていなかった単語～

単語	意味

単語	意味

最低「5回」は書いて絶対に覚えよう！

Part 1 Section 6

Drill 26 68

Drill 27 70

Drill 28 72

Drill 29 74

Drill 30 76

My Word List 78

1 書いて記憶 [単語番号：501 ～ 520]

学習日：　　月　　日

単語	1回目 意味を確認して単語を書く	2回目 発音しながら単語を書く	3回目 意味に合う単語を書く	意味
501 **perceive** [pərsí:v] パスィーヴ				動 を知覚する；がわかる
502 **fascinate** [fǽsɪnèɪt] ふァスィネイト				動 を魅了する
503 **bore** [bɔ:r] ボー				動 を退屈させる
504 **disappoint** [dìsəpɔ́ɪnt] ディサポイント				動 を失望させる
505 **imply** 【発】【ア】[ɪmpláɪ] インプらイ				動 それとなく言う；を暗に示す
506 **recommend** 【ア】[rèkəménd] レコメンド				動 を勧める
507 **demonstrate** 【ア】[démənstrèɪt] デモンストゥレイト				動 を証明する；を実演する；デモをする
508 **conclude** [kənklú:d] コンクるード				動 と結論づける；を締めくくる
509 **announce** [ənáuns] アナウンス				動 を発表する
510 **appeal** [əpí:l] アピーる				動 心に訴える；懇願する；訴える 名 訴え
511 **address** 【ア】[ədrés] アドゥレス				動 (問題)に取り組む；(人)に演説をする；に宛名を書く 名 住所；演説
512 **advertise** 【ア】[ǽdvərtàɪz] アドヴァタイズ				動 を宣伝する
513 **invite** 【ア】[ɪnváɪt] インヴァイト				動 を招待する；にお願いする；(よくない事態)を引き起こす
514 **afford** [əfɔ́:rd] アふォード				動 を持つ余裕がある
515 **purchase** 【発】【ア】[pə́:rtʃəs] パ～チェス				動 を購入する 名 購入(品)
516 **participate** 【発】【ア】[pɑ:rtísɪpèɪt] パーティスィペイト				動 参加する
517 **belong** [bɪlɔ́(:)ŋ] ビろ(ー)ング				動 所属している；(～の)ものである(to)
518 **conduct** 【ア】[kəndʌ́kt] コンダクト				動 を行う；を導く；案内する 名 発別 行動；指導
519 **behave** 【発】[bɪhéɪv] ビヘイヴ				動 振る舞う；行儀よくする
520 **operate** 【ア】[á(:)pərèɪt] ア(ー)ペレイト				動 を操作する；手術を行う；作動する

2 記憶から引き出す

意味	ID	単語を書こう
動 を知覚する	501	
動 所属している	517	
動 参加する	516	
動 を操作する	520	
動 を購入する	515	
動 (問題)に取り組む	511	
動 を行う	518	
動 を発表する	509	
動 と結論づける	508	
動 心に訴える	510	
動 を証明する	507	
動 を持つ余裕がある	514	
動 振る舞う	519	
動 を招待する	513	
動 を勧める	506	
動 を失望させる	504	
動 を退屈させる	503	
動 を魅了する	502	
動 それとなく言う	505	
動 を宣伝する	512	

3 Drill 25の復習テスト

✓	単語 なぞって書く	ID	意味を書こう
	alternative	481	
	regular	495	
	artificial	489	
	commercial	488	
	legal	487	
	obvious	486	
	via	499	
	independent	496	
	straight	494	
	primary	484	
	whereas	500	
	worth	485	
	mobile	493	
	ideal	483	
	unlike	498	
	former	492	
	overseas	497	
	extreme	482	
	biological	491	
	chemical	490	

忘れていた単語は，p.78 の My Word List へ GO

Drill 27 **1 書いて記憶** [単語番号：521 ～ 540]　　学習日：　　月　　日

単語	1回目 意味を確認して単語を書く	2回目 発音しながら単語を書く	3回目 意味に合う単語を書く	意味
521 **organize** [ɔ́ːrɡənàɪz] オーガナイズ				動 を主催する，準備する；を組織する
522 **host** 発 [houst] ホウスト				動 を主催する；の主人役を務める 名 (客に対する)主人，主催者；多数
523 **combine** [kəmbáɪn] コンバイン				動 を組み合わせる
524 **deliver** [dɪlívər] ディリヴァ				動 (を)配達する；(意見など)を述べる
525 **locate** ア [lóukeɪt] ろウケイト				動 を(場所に)置く；(場所など)を突き止める
526 **encounter** [ɪnkáuntər] インカウンタァ				動 に(偶然)出会う；に直面する 名 (偶然の)出会い
527 **surround** [səráund] サラウンド				動 を囲む
528 **explore** [ɪksplɔ́ːr] イクスプろー				動 を探検する；を調査する
529 **stick** [stɪk] スティック				動 くっつく，固執する；を貼[は]り付ける；を突き刺す 名 棒；棒状のもの；つえ
530 **strike** [straɪk] ストゥライク				動 に当たる；(人)に印象を与える；(考えが)(人)の心に浮かぶ 名 攻撃
531 **hurt** 発 [həːrt] ハ～ト				動 を痛める，傷つける；痛む 名 精神的苦痛；傷
532 **bite** [baɪt] バイト				動 にかみつく 名 かむこと；一口
533 **tear** 発 [teər] テア				動 を引き裂く
534 **aid** [eɪd] エイド				動 を援助する 名 援助；救援
535 **press** [pres] プレス				動 を押す；に強要する 名 圧縮；印刷(所)；[普通the ～]報道陣；新聞
536 **burn** [bəːrn] バ～ン				動 を燃やす；燃える 名 やけど；日焼け
537 **flow** [flou] ふろウ				動 流れる 名 流れ
538 **preserve** 発 ア [prɪzə́ːrv] プリザ～ヴ				動 を保存する；を保護する
539 **borrow** [bɔ́(ː)rou] ボ(ー)ロウ				動 を(無料で)借りる
540 **steal** 発 [stiːl] スティーる				動 を盗む

2 記憶から引き出す

意味	ID	単語を書こう
動 を引き裂く	533	
動 を探検する	528	
動 流れる	537	
動 を囲む	527	
動 に(偶然)出会う	526	
動 を保存する	538	
動 を主催する	522	
動 を燃やす	536	
動 (を)配達する	524	
動 に当たる	530	

意味	ID	単語を書こう
動 を盗む	540	
動 を痛める, 傷つける	531	
動 を援助する	534	
動 を押す	535	
動 を主催する, 準備する	521	
動 を組み合わせる	523	
動 を(無料で)借りる	539	
動 を(場所に)置く	525	
動 くっつく, 固執する	529	
動 にかみつく	532	

3 Drill 26の復習テスト

✓	単語 なぞって書く	ID	意味を書こう
	operate	520	
	imply	505	
	perceive	501	
	conduct	518	
	participate	516	
	purchase	515	
	advertise	512	
	bore	503	
	address	511	
	afford	514	

✓	単語 なぞって書く	ID	意味を書こう
	demonstrate	507	
	conclude	508	
	behave	519	
	recommend	506	
	fascinate	502	
	invite	513	
	belong	517	
	announce	509	
	appeal	510	
	disappoint	504	

忘れていた単語は，p.78 の My Word List へ GO

Drill 28 　1 書いて記憶 [単語番号：541 ～ 560]

学習日：　　月　　日

単語	1回目 意味を確認して単語を書く	2回目 発音しながら単語を書く	3回目 意味に合う単語を書く	意味
541 **escape** [ɪskéɪp] イスケイプ				動 逃れる，脱出する；を免[まぬか]れる 名 脱出；逃亡
542 **neighbor** [néɪbər] ネイバァ				名 隣人，近所の人
543 **household** [háushòuld] ハウスホウるド				名 世帯；家族 形 家庭の
544 **resident** [rézɪdənt] レズィデント				名 居住者，住人
545 **vehicle** 発 [ví:əkl] ヴィーイクる				名 車，乗り物
546 **wheel** [hwi:l] (フ)ウィーる				名 [the ~] (自動車の)ハンドル；車輪；歯車 動 (車輪の付いた乗り物)を動かす
547 **delay** [dɪléɪ] ディれイ				名 遅れ 動 を遅らせる；を延期する
548 **fuel** [fjú:əl] ふューエる				名 燃料
549 **pollution** [pəlú:ʃən] ポるーション				名 汚染
550 **atmosphere** ア [ǽtməsfɪər] アトゥモスふィア				名 雰囲気；[the ~] 大気
551 **electricity** ア [ɪlèktrísəti] イれクトゥリスィティ				名 電気
552 **cancer** [kǽnsər] キャンサァ				名 癌[がん]
553 **plague** 発 [pleɪg] プれイグ				名 疫病；厄介なもの[人] 動 を絶えず苦しめる
554 **threat** 発 [θret] すレット				名 恐れ，予兆；脅し
555 **flood** 発 [flʌd] ふらッド				名 洪水；殺到 動 を氾濫[はんらん]させる；に殺到する；(川が)氾濫する
556 **earthquake** [ə́:rθkwèɪk] ア～すクウェイク				名 地震
557 **disaster** [dɪzǽstər] ディザスタァ				名 災害；災難
558 **crisis** [kráɪsɪs] クライスィス				名 危機
559 **victim** [víktɪm] ヴィクティム				名 被害者，犠牲者
560 **wealth** 発 [welθ] ウェるす				名 富，財産

2 記憶から引き出す

意味	ID	単語を書こう
名 地震	556	
名 車，乗り物	545	
名 恐れ，予兆	554	
名 電気	551	
名 隣人，近所の人	542	
名 世帯	543	
名 癌	552	
名 居住者，住人	544	
名 災害	557	
名 疫病	553	

意味	ID	単語を書こう
動 逃れる，脱出する	541	
名 燃料	548	
名 洪水	555	
名 危機	558	
名 汚染	549	
名 富，財産	560	
名 被害者，犠牲者	559	
名 遅れ	547	
名 (自動車の)ハンドル	546	
名 雰囲気	550	

3 Drill 27 の復習テスト

✓	単語 なぞって書く	ID	意味を書こう
	surround	527	
	bite	532	
	press	535	
	hurt	531	
	burn	536	
	deliver	524	
	encounter	526	
	host	522	
	flow	537	
	combine	523	

✓	単語 なぞって書く	ID	意味を書こう
	locate	525	
	borrow	539	
	strike	530	
	stick	529	
	aid	534	
	organize	521	
	preserve	538	
	explore	528	
	steal	540	
	tear	533	

忘れていた単語は，p.78 の My Word List へ GO

Drill 29　**1 書いて記憶**［単語番号：561 ～ 580］　学習日：　月　日

単語	1回目 意味を確認して単語を書く	2回目 発音しながら単語を書く	3回目 意味に合う単語を書く	意味
561 **fund** [fʌnd] ふァンド				名 〔しばしば～s〕資金，基金 動 (組織など)に資金を出す
562 **capital** [kǽpətəl] キャピトゥる				名 資本；首都；大文字 形 資本の；主要な；大文字の
563 **profit** [prá(:)fət] プラ(ー)ふィット				名 収益；〔しばしば～s〕利益 動 利益を得る
564 **talent** ㋐[tǽlənt] タれント				名 才能；才能のある人
565 **capacity** [kəpǽsəti] カパスィティ				名 能力；収容力
566 **scholar** [ská(:)lər] スカ(ー)らァ				名 (主に人文系の)学者；奨学生
567 **tradition** ㋐[trədíʃən] トゥラディション				名 伝統；伝承
568 **literature** ㊥[lítərətʃər] りテラチャ				名 文学；文献
569 **lecture** [léktʃər] れクチャ				名 講義，講演 動 講義する
570 **manner** [mǽnər] マナァ				名 方法；〔～s〕行儀，作法；振舞い
571 **symbol** [símbəl] スィンボる				名 象徴；記号
572 **analysis** [ənǽləsɪs] アナりスィス				名 分析
573 **version** [vəːrʒən] ヴァ～ジョン				名 …版；(作品・事件などの)解釈
574 **perspective** [pərspéktɪv] パスペクティヴ				名 観点；見通し
575 **vision** [víʒən] ヴィジョン				名 (将来の)展望；(将来を)見通す力；視力
576 **sight** ㊥[saɪt] サイト				名 見えること；光景；視力 動 を見つける；じっと見る
577 **insight** ㋐[ínsàɪt] インサイト				名 洞察(力)
578 **bilingual** [baɪlíŋɡwəl] バイりングワる				形 バイリンガルの，2言語を話す 名 バイリンガル，2言語話者
579 **capable** ㊥[kéɪpəbl] ケイパブる				形 能力がある；有能な
580 **willing** [wílɪŋ] ウィりング				形 をいとわない

2 記憶から引き出す

意味	ID	単語を書こう
名 見えること	576	
名 方法	570	
名 資本	562	
名 象徴	571	
名 (将来の)展望	575	
名 文学	568	
名 伝統	567	
名 能力	565	
名 講義, 講演	569	
名 収益	563	

意味	ID	単語を書こう
形 能力がある	579	
名 洞察(力)	577	
名 分析	572	
形 をいとわない	580	
名 才能	564	
形 バイリンガルの, 2言語を話す	578	
名 …版	573	
名 資金, 基金	561	
名 観点	574	
名 (主に人文系の)学者	566	

3 Drill 28の復習テスト

✔	単語 なぞって書く	ID	意味を書こう
	delay	547	
	household	543	
	neighbor	542	
	plague	553	
	wealth	560	
	victim	559	
	atmosphere	550	
	fuel	548	
	vehicle	545	
	disaster	557	

✔	単語 なぞって書く	ID	意味を書こう
	cancer	552	
	resident	544	
	wheel	546	
	crisis	558	
	electricity	551	
	escape	541	
	pollution	549	
	earthquake	556	
	threat	554	
	flood	555	

忘れていた単語は, p.78 の My Word List へ GO

Drill 30 **1 書いて記憶** [単語番号：581～600]　　学習日：　月　日

単語	1回目 意味を確認して単語を書く	2回目 発音しながら単語を書く	3回目 意味に合う単語を書く	意味
581 **eager** [í:gər] イーガァ				形 熱望して；熱心な
582 **amazing** [əméɪzɪŋ] アメイズィング				形 驚くほどの
583 **calm** 発 [kɑ:m] カーム				形 冷静な；穏やかな 名 平静 動 静まる；を静める
584 **quiet** [kwáɪət] クワイエット				形 静かな 名 静けさ
585 **senior** [sí:njər] スィーニャ				形 高齢者の；(地位などが)上級の；年上の 名 年長者
586 **elderly** [éldərli] エるダァりィ				形 年配の
587 **firm** [fə:rm] ふァ～ム				形 確固とした；(質が)堅い 名 (合資の)会社
588 **severe** 発 [sɪvíər] スィヴィア				形 (痛みなどが)ひどい；厳しい；深刻な
589 **tough** 発 [tʌf] タふ				形 困難な；頑丈な；厳しい
590 **rapid** [rǽpɪd] ラピッド				形 急速な
591 **immediate** 発 [ɪmí:diət] イミーディエット				形 即座の；直接の
592 **vast** [væst] ヴァスト				形 広大な；膨大な，莫大[ばくだい]な
593 **enormous** [ɪnɔ́:rməs] イノーマス				形 巨大な，莫大[ばくだい]な
594 **broad** 発 [brɔ:d] ブロード				形 広範囲な；広い；大ざっぱな
595 **narrow** [nǽrou] ナロウ				形 (幅が)狭い；やっとの 動 を狭くする；狭くなる
596 **tiny** 発 [táɪni] タイニィ				形 とても小さな
597 **efficient** [ɪfíʃənt] イふィシェント				形 効率のよい；有能な
598 **constant** [kɑ́(:)nstənt] カ(ー)ンスタント				形 絶え間ない；不変の
599 **nearby** ア [nìərbáɪ] ニア～バイ				形 すぐ近くの 副 すぐ近くに
600 **distant** [dístənt] ディスタント				形 遠い；よそよそしい

2 記憶から引き出す

意味	ID	単語を書こう
形 (幅が)狭い	595	
形 広範囲な	594	
形 効率のよい	597	
形 絶え間ない	598	
形 広大な	592	
形 とても小さな	596	
形 すぐ近くの	599	
形 熱望して	581	
形 確固とした	587	
形 急速な	590	

意味	ID	単語を書こう
形 静かな	584	
形 困難な	589	
形 年配の	586	
形 驚くほどの	582	
形 即座の	591	
形 遠い	600	
形 高齢者の	585	
形 巨大な，莫大な	593	
形 冷静な	583	
形 (痛みなどが)ひどい	588	

3 Drill 29 の復習テスト

✔	単語 なぞって書く	ID	意味を書こう
	insight	577	
	capable	579	
	sight	576	
	profit	563	
	talent	564	
	symbol	571	
	scholar	566	
	capital	562	
	perspective	574	
	version	573	

✔	単語 なぞって書く	ID	意味を書こう
	tradition	567	
	analysis	572	
	capacity	565	
	fund	561	
	bilingual	578	
	lecture	569	
	manner	570	
	willing	580	
	vision	575	
	literature	568	

忘れていた単語は，p.78 の My Word List へ Go

My Word List　Drill 25～29

～覚えていなかった単語～

単語	意味

単語	意味

最低「５回」は書いて絶対に覚えよう！

Part 2 Section 7

Drill 31 80
Drill 32 82
Drill 33 84
Drill 34 86
Drill 35 88
My Word List 90

Drill 31 ❶ 書いて記憶 [単語番号：601～620]

学習日：　　月　　日

単語	1回目 意味を確認して単語を書く	2回目 発音しながら単語を書く	3回目 意味に合う単語を書く	意味
601 **insist** [ɪnsíst] インスィスト				動 断固要求する；強く主張する；を言い張る
602 **intend** [ɪnténd] インテンド				動 を意図する，(…する)つもりでいる(to *do*)
603 **inspire** ア [ɪnspáɪər] インスパイア				動 を奮起させる
604 **emphasize** [émfəsàɪz] エンふァサイズ				動 を強調する，力説する
605 **propose** [prəpóuz] プロポウズ				動 を提案する；結婚を申し込む
606 **persuade** 発 [pərswéɪd] パスウェイド				動 を説得する
607 **convince** [kənvíns] コンヴィンス				動 に納得[確信]させる
608 **admit** [ədmít] アドミット				動 を(事実と)認める；(入場・入学)を認める
609 **favor** [féɪvər] ふェイヴァ				動 に賛成する；を好む 名 親切な行為；好意；支持
610 **excuse** 発 [ɪkskjú:z] イクスキューズ				動 を大目に見る；の言い訳をする；(義務など)を免除する 名 発音 言い訳
611 **interpret** ア [ɪntə́:rprət] インタ～プリット				動 を解釈する；を通訳する
612 **translate** [trǽnsleɪt] トゥランスれイト				動 を翻訳する
613 **concentrate** ア [ká(:)nsəntrèɪt] カ(ー)ンセントゥレイト				動 精神を集中する；を集中させる
614 **criticize** [krítəsàɪz] クリティサイズ				動 を非難する
615 **blame** [bleɪm] ブれイム				動 を責める；をせいにする 名 責任；非難
616 **oppose** [əpóuz] オポウズ				動 に反対する
617 **inform** [ɪnfɔ́:rm] インふォーム				動 に知らせる
618 **grant** [grænt] グラント				動 (人)に(物)を(求めに応じて)与える；と仮定する 名 助成金；奨学金
619 **obtain** [əbtéɪn] オブテイン				動 を得る
620 **transform** ア [trænsfɔ́:rm] トゥランスふォーム				動 を変える

2 記憶から引き出す

意味	ID	単語を書こう
動 を説得する	606	
動 を意図する，（…する）つもりでいる（to *do*）	602	
動 を非難する	614	
動 を強調する，力説する	604	
動 に反対する	616	
動 を解釈する	611	
動 を（事実と）認める	608	
動 を大目に見る	610	
動 に賛成する	609	
動 精神を集中する	613	

意味	ID	単語を書こう
動 を変える	620	
動 を奮起させる	603	
動 を責める	615	
動 に知らせる	617	
動 に納得［確信］させる	607	
動 を得る	619	
動 を翻訳する	612	
動 （人）に（物）を（求めに応じて）与える	618	
動 断固要求する	601	
動 を提案する	605	

3 Drill 30の復習テスト

✓	単語 なぞって書く	ID	意味を書こう
	constant	598	
	calm	583	
	eager	581	
	efficient	597	
	quiet	584	
	enormous	593	
	senior	585	
	elderly	586	
	narrow	595	
	tiny	596	

✓	単語 なぞって書く	ID	意味を書こう
	nearby	599	
	immediate	591	
	vast	592	
	severe	588	
	firm	587	
	amazing	582	
	rapid	590	
	broad	594	
	distant	600	
	tough	589	

忘れていた単語は，p.90 の My Word List へ GO

Drill 32 **1 書いて記憶** [単語番号：621 ～ 640]

学習日：　　月　　日

単語	1回目 意味を確認して単語を書く	2回目 発音しながら単語を書く	3回目 意味に合う単語を書く	意味
621 **alter** 発 [ɔ́:ltər] オーるタァ				動 を変える；変わる
622 **arrange** 発 [əréɪndʒ] アレインヂ				動 を(きちんと)並べる；(の)手はずを整える；(を)取り決める
623 **interact** [ìntərǽkt] インタラクト				動 相互に作用する；交流する
624 **handle** [hǽndl] ハンドゥる				動 (問題など)を処理する；を(手で)扱う 名 取っ手
625 **extend** [ɪksténd] イクステンド				動 を延長する；を広げる；広がる，伸びる
626 **settle** [sétl] セトゥる				動 定住する；を決める；を解決する
627 **contribute** ア [kəntríbjət] コントゥリビュト				動 貢献する；を寄付する
628 **construct** ア [kənstrʌ́kt] コンストゥラクト				動 を建設する；を組み立てる
629 **consist** ア [kənsíst] コンスィスト				動 (～から)成る(of)；(～に)(本質が)ある(in)
630 **suit** 発 [su:t] スート				動 に(色・服などが)似合う；に都合がよい；を適合させる　名 スーツ；訴訟
631 **tie** [taɪ] タイ				動 を結び付ける 名 [普通～s] 結び付き；同点；ネクタイ
632 **differ** ア [dífər] ディふァ				動 異なる
633 **hate** [heɪt] ヘイト				動 をひどく嫌う，憎む 名 憎悪
634 **dislike** [dɪsláɪk] ディスらイク				動 を嫌う 名 嫌悪；[～s] 嫌いなもの
635 **disagree** ア [dìsəgrí:] ディサグリー				動 意見が合わない；(記述などが)食い違う
636 **regret** [rɪgrét] リグレット				動 を後悔する；を残念に思う 名 後悔，残念
637 **employ** [ɪmplɔ́ɪ] インプろイ				動 を雇用する；を(手段などに)用いる
638 **hire** [háɪər] ハイア				動 を雇う；主に英 を賃借りする 名 賃借り[貸し]
639 **absorb** [əbzɔ́:rb] アブゾーブ				動 (人)を夢中にさせる；を吸収する
640 **expose** [ɪkspóuz] イクスポウズ				動 をさらす；をあばく

2 記憶から引き出す

意味	ID	単語を書こう
動 を結び付ける	631	
動 (～から)成る(of)	629	
動 意見が合わない	635	
動 を後悔する	636	
動 異なる	632	
動 (問題など)を処理する	624	
動 を建設する	628	
動 をひどく嫌う, 憎む	633	
動 を(きちんと)並べる	622	
動 を雇う	638	

意味	ID	単語を書こう
動 を嫌う	634	
動 (人)を夢中にさせる	639	
動 を延長する	625	
動 をさらす	640	
動 定住する	626	
動 を変える	621	
動 貢献する	627	
動 相互に作用する	623	
動 を雇用する	637	
動 に(色・服などが)似合う	630	

3 Drill 31 の復習テスト

✔	単語 なぞって書く	ID	意味を書こう
	concentrate	613	
	interpret	611	
	persuade	606	
	excuse	610	
	propose	605	
	grant	618	
	criticize	614	
	favor	609	
	inspire	603	
	oppose	616	

✔	単語 なぞって書く	ID	意味を書こう
	translate	612	
	convince	607	
	inform	617	
	blame	615	
	intend	602	
	emphasize	604	
	transform	620	
	obtain	619	
	insist	601	
	admit	608	

忘れていた単語は, p.90 の My Word List へ GO

Drill 33　1 書いて記憶 [単語番号：641 ～ 660]

学習日：　　月　　日

単語	1回目 意味を確認して単語を書く	2回目 発音しながら単語を書く	3回目 意味に合う単語を書く	意味
641 **breathe** 発 [bri:ð] ブリーず				動 呼吸する；を吸う
642 **root** [ru:t] ルート				名 [～s] 起源，ルーツ；根源；根 動 を根づかせる
643 **immigration** [ìmɪgréɪʃən] イミグレイション				名 (外国からの)移住
644 **tribe** [traɪb] トゥライブ				名 部族
645 **landscape** [lǽndskèɪp] らン(ド)スケイプ				名 風景
646 **agriculture** ア [ǽgrɪkʌ̀ltʃər] アグリカるチャ				名 農業
647 **soil** [sɔɪl] ソイる				名 土壌，土
648 **mine** [maɪn] マイン				名 鉱山；地雷 動 を採掘する；に地雷を敷設する
649 **mass** [mæs] マス				名 [the ～es] 大衆；[the ～] 大多数；たくさん；かたまり；質量 形 大量の；大衆の
650 **quarter** 発 [kwɔ́:rtər] クウォータァ				名 4分の1；15分；米 25セント(硬貨)；地区
651 **era** 発 [íərə] イ(ア)ラ				名 時代
652 **circumstance** ア [sə́:rkəmstæ̀ns] サ～カムスタンス				名 [普通～s] 状況，事情
653 **phenomenon** ア [fənɑ́(:)mənɑ̀(:)n] ふェナ(ー)メナ(ー)ン				名 現象
654 **custom** [kʌ́stəm] カスタム				名 (社会の)慣習；[～s] 関税；[～s] 税関
655 **religion** [rɪlídʒən] リりヂョン				名 宗教
656 **civilization** [sìvələzéɪʃən] スィヴィりゼイション				名 文明
657 **universe** ア [jú:nɪvə̀:rs] ユーニヴァ～ス				名 [the ～, the U～] 宇宙；[the ～] 全世界
658 **diversity** [dəvə́:rsəti] ディヴァ～スィティ				名 多様性；差異
659 **trait** [treɪt] トゥレイト				名 (人の性格などの) 特性，特徴
660 **review** ア [rɪvjú:] リヴュー				名 批評；再検討；米 復習 動 を論評する；をよく調べる；を見直す

2 記憶から引き出す

意味	ID	単語を書こう
名 農業	646	
名 (社会の)慣習	654	
名 (人の性格などの)特性，特徴	659	
名 風景	645	
動 呼吸する	641	
名 宗教	655	
名 (外国からの)移住	643	
名 状況，事情	652	
名 土壌，土	647	
名 時代	651	

意味	ID	単語を書こう
名 現象	653	
名 鉱山	648	
名 文明	656	
名 宇宙	657	
名 4分の1	650	
名 部族	644	
名 批評	660	
名 多様性	658	
名 起源，ルーツ	642	
名 大衆	649	

3 Drill 32の復習テスト

✓	単語 なぞって書く	ID	意味を書こう
	differ	632	
	dislike	634	
	tie	631	
	arrange	622	
	employ	637	
	construct	628	
	hate	633	
	expose	640	
	consist	629	
	regret	636	

✓	単語 なぞって書く	ID	意味を書こう
	settle	626	
	disagree	635	
	alter	621	
	suit	630	
	hire	638	
	interact	623	
	contribute	627	
	extend	625	
	absorb	639	
	handle	624	

忘れていた単語は，p.90のMy Word Listへ Go

Drill 34 1 書いて記憶 [単語番号：661 ～ 680]

学習日：　　月　　日

単語	1回目 意味を確認して単語を書く	2回目 発音しながら単語を書く	3回目 意味に合う単語を書く	意味
661 **occasion** [əkéɪʒən] オケイジョン				名 場合，時；機会；行事
662 **campaign** 発 [kæmpéɪn] キャンペイン				名 (政治的・社会的)運動，活動 動 (政治などの)運動をする
663 **board** [bɔːrd] ボード				名 委員会，重役会；(特定の目的に使う)板；盤 動 (乗り物)に乗り込む；下宿する
664 **facility** [fəsíləti] ふァスィりティ				名 〔しばしば～ties〕施設；才能
665 **court** [kɔːrt] コート				名 法廷，裁判所；(テニスなどの)コート
666 **trial** [tráɪəl] トゥライアる				名 裁判；(品質などの)試験
667 **laboratory** ア [lǽbərətɔ̀ːri] らボラトーリィ				名 研究室[所]，実験室
668 **instrument** ア [ínstrəmənt] インストゥルメント				名 道具，機器；楽器
669 **instruction** [ɪnstrʌ́kʃən] インストゥラクション				名 〔普通～s〕指示；教えること
670 **document** [dɑ́(ː)kjumənt] ダ(ー)キュメント				名 書類；記録 動 を(文書などに)記録する

単語	1回目	2回目	3回目	意味
671 **target** [tɑ́ːrgət] ターゲット				名 目標；標的 動 を対象にする
672 **outcome** ア [áutkʌ̀m] アウトカム				名 結果
673 **muscle** 発 [mʌ́sl] マスる				名 筋肉；威力
674 **wage** [weɪdʒ] ウェイヂ				名 〔しばしば～s〕賃金
675 **gender** [dʒéndər] ヂェンダァ				名 (男女の)性
676 **confidence** ア [kɑ́(ː)nfɪdəns] カ(ー)ンふィデンス				名 自信；信頼
677 **credit** [krédət] クレディット				名 信用；名誉；信用貸し 動 には功績があると思う；(功績など)を帰する
678 **conscious** 発 [kɑ́(ː)nʃəs] カ(ー)ンシャス				形 意識して，自覚して；意識がある
679 **anxious** [ǽŋkʃəs] アンクシャス				形 心配して；切望して
680 **asleep** [əslíːp] アスりープ				形 眠って

2 記憶から引き出す

意味	ID	単語を書こう
名 裁判	666	
名 自信	676	
名 場合，時	661	
名 施設	664	
名 研究室[所]，実験室	667	
形 心配して	679	
名 指示	669	
名 結果	672	
名 筋肉	673	
形 意識して，自覚して	678	

意味	ID	単語を書こう
名 信用	677	
名 道具，機器	668	
名 書類	670	
名 賃金	674	
名 目標	671	
形 眠って	680	
名 委員会，重役会	663	
名 (男女の)性	675	
名 (政治的・社会的)運動，活動	662	
名 法廷，裁判所	665	

3 Drill 33の復習テスト

✓	単語 なぞって書く	ID	意味を書こう
	soil	647	
	tribe	644	
	mass	649	
	religion	655	
	universe	657	
	agriculture	646	
	era	651	
	review	660	
	breathe	641	
	mine	648	

✓	単語 なぞって書く	ID	意味を書こう
	phenomenon	653	
	quarter	650	
	custom	654	
	landscape	645	
	immigration	643	
	civilization	656	
	root	642	
	diversity	658	
	trait	659	
	circumstance	652	

忘れていた単語は，p.90 の My Word List へ Go

Drill 35 **1** 書いて記憶 [単語番号：681 ～ 700]

学習日：　月　日

単語	1回目 意味を確認して単語を書く	2回目 発音しながら単語を書く	3回目 意味に合う単語を書く	意味
681 **alive** [əláɪv] アらイヴ				形 生きている
682 **alike** [əláɪk] アらイク				形 似ている 副 同様に；平等に
683 **excellent** [éksələnt] エクセれント				形 秀でている；すばらしい
684 **odd** [ɑ(:)d] ア(ー)ッド				形 奇妙な；奇数の
685 **sensitive** [sénsətɪv] センスィティヴ				形 敏感な
686 **sensible** [sénsəbl] センスィブる				形 賢明な；分別のある
687 **violent** [váɪələnt] ヴァイオれント				形 暴力的な；(自然現象などが)激しい
688 **military** [mílətèri] ミりテリィ				形 軍(隊)の，軍事の
689 **nuclear** ㋐[njú:kliər] ニュークりア				形 原子力の，核の
690 **contemporary** [kəntémpərèri] コンテンポレリィ				形 現代の；同時代の 名 同時代の人
691 **elementary** [èlɪméntəri] エれメンタリィ				形 ㊀ 初等(教育)の；初歩の；基本の
692 **annual** [ǽnjuəl] アニュアる				形 年1回の；1年間の
693 **chief** [tʃi:f] チーふ				形 第1の，主要な 名 (組織の)長
694 **actual** [ǽktʃuəl] アクチュアる				形 実際の
695 **virtual** [vɔ́:rtʃuəl] ヴァ～チュアる				形 仮想の；事実上の
696 **numerous** ㊥[njú:mərəs] ニューメラス				形 多数の
697 **multiple** [mʌ́ltɪpl] マるティプる				形 多くの(部分から成る)；さまざまな
698 **widespread** [wáɪdsprèd] ワイドスプレッド				形 広範囲にわたる
699 **sufficient** ㋐[səfíʃənt] サふィシェント				形 十分な
700 **empty** [émpti] エン(プ)ティ				形 空[から]の；空いている 動 を空にする

2 記憶から引き出す

意味	ID	単語を書こう
形 原子力の，核の	689	
形 暴力的な	687	
形 現代の	690	
形 生きている	681	
形 空の	700	
形 多数の	696	
形 秀でている	683	
形 敏感な	685	
形 十分な	699	
形 広範囲にわたる	698	

意味	ID	単語を書こう
形 奇妙な	684	
形 実際の	694	
形 軍(隊)の，軍事の	688	
形 年１回の	692	
形 多くの(部分から成る)	697	
形 賢明な	686	
形 似ている	682	
形 仮想の	695	
形 米 初等(教育)の	691	
形 第１の，主要な	693	

3 Drill 34の復習テスト

✔	単語 なぞって書く	ID	意味を書こう
	anxious	679	
	asleep	680	
	facility	664	
	trial	666	
	court	665	
	target	671	
	laboratory	667	
	campaign	662	
	occasion	661	
	wage	674	

✔	単語 なぞって書く	ID	意味を書こう
	confidence	676	
	credit	677	
	muscle	673	
	document	670	
	board	663	
	instrument	668	
	gender	675	
	outcome	672	
	instruction	669	
	conscious	678	

忘れていた単語は，p.90 の My Word List へ GO

My Word List Drill 30～34

～覚えていなかった単語～

単語	意味

単語	意味

最低「５回」は書いて絶対に覚えよう！

Part 2 Section 8

Drill 36 92
Drill 37 94
Drill 38 96
Drill 39 98
Drill 40 100
My Word List 102

Drill 36 **1 書いて記憶** [単語番号：701 ～ 720]　学習日：　月　日

単語	1回目 意味を確認して単語を書く	2回目 発音しながら単語を書く	3回目 意味に合う単語を書く	意味
701 **confirm** [kənfə́ːrm] コンふァ～ム				動 を裏付ける，(本当だと)確認する
702 **illustrate** アク [íləstrèɪt] イラストゥレイト				動 を説明する；を例証する
703 **spell** [spel] スペる				動 (語)をつづる 名 呪文[じゅもん]；魔力；しばらくの間
704 **bother** [bá(ː)ðər] バ(ー)ざァ				動 を困らせる；〔普通否定文・疑問文で〕わざわざ(…)する(to *do* / *doing*) 名 面倒；〔a ～〕厄介なこと[人]
705 **annoy** [ənɔ́ɪ] アノイ				動 をいらいらさせる，悩ます
706 **disturb** [dɪstə́ːrb] ディスタ～ブ				動 を邪魔する；を乱す
707 **discourage** [dɪskə́ːrɪdʒ] ディスカ～レッヂ				動 に思いとどまらせる；を落胆させる
708 **embarrass** アク [ɪmbǽrəs] インバラス				動 を当惑させる，に恥ずかしい思いをさせる
709 **frighten** 発 [fráɪtən] ふライトゥン				動 を怖がらせる
710 **puzzle** [pʌ́zl] パズる				動 を当惑させる 名 なぞ，難問；(ジグソー)パズル
711 **upset** アク [ʌ̀psét] アップセット				動 を動揺させる；をひっくり返す 形 うろたえる，腹を立てている 名 アク前 動揺；転覆
712 **stimulate** アク [stímjulèɪt] スティミュれイト				動 を刺激する；を激励する
713 **beat** [biːt] ビート				動 を打ち負かす；(を)(続けざまに)打つ；を殴る 名 打つこと；鼓動；拍子
714 **blow** [blou] ブろウ				動 (風が)吹く；を吹き飛ばす 名 (風の)一吹き；強打，打撃
715 **injure** [índʒər] インヂャ				動 を傷つける
716 **cure** [kjuər] キュア				動 を治す 名 治療(法)；回復
717 **recover** [rɪkʌ́vər] リカヴァ				動 回復する；を取り戻す
718 **overcome** アク [òuvərkʌ́m] オウヴァカム				動 を克服する；に打ち勝つ
719 **quit** [kwɪt] クウィット				動 をやめる
720 **transfer** アク [trænsfə́ːr] トゥランスふァ～				動 を移す；移る；(電車などを)乗り換える 名 アク前 移転；乗り換え

2 記憶から引き出す

意味	ID	単語を書こう
動 を当惑させる，に恥ずかしい思いをさせる	708	
動 をやめる	719	
動 を邪魔する	706	
動 に思いとどまらせる	707	
動 を当惑させる	710	
動 を怖がらせる	709	
動 をいらいらさせる，悩ます	705	
動 を説明する	702	
動 を裏付ける，(本当だと)確認する	701	
動 を傷つける	715	

意味	ID	単語を書こう
動 を困らせる	704	
動 を克服する	718	
動 を治す	716	
動 (風が)吹く	714	
動 (語)をつづる	703	
動 回復する	717	
動 を移す	720	
動 を動揺させる	711	
動 を刺激する	712	
動 を打ち負かす	713	

3 Drill 35の復習テスト

✓	単語 なぞって書く	ID	意味を書こう
	military	688	
	actual	694	
	sensitive	685	
	virtual	695	
	numerous	696	
	sensible	686	
	violent	687	
	alike	682	
	elementary	691	
	alive	681	

✓	単語 なぞって書く	ID	意味を書こう
	sufficient	699	
	widespread	698	
	chief	693	
	odd	684	
	empty	700	
	contemporary	690	
	excellent	683	
	multiple	697	
	nuclear	689	
	annual	692	

忘れていた単語は，p.102 の My Word List へ Go

Drill 37 1 書いて記憶 [単語番号：721～740]

学習日：　月　日

単語	1回目 意味を確認して単語を書く	2回目 発音しながら単語を書く	3回目 意味に合う単語を書く	意味
721 **transport** アク [trænspɔ́:rt] トゥランスポート				動 を輸送する 名 アク別 主に英 輸送(機関)
722 **export** アク [ɪkspɔ́:rt] イクスポート				動 を輸出する 名 発別 輸出；〔普通～s〕輸出品[額]
723 **import** アク [ɪmpɔ́:rt] インポート				動 を輸入する 名 アク別 輸入；〔普通～s〕輸入品[額]
724 **invest** [ɪnvést] インヴェスト				動 (を)投資する
725 **investigate** アク [ɪnvéstɪgèɪt] インヴェスティゲイト				動 を調査する；を捜査する
726 **manufacture** 発 アク [mæ̀njufǽktʃər] マニュふァクチャ				動 を(大量に)製造する 名 製造(業)
727 **react** [riǽkt] リアクト				動 反応する
728 **award** 発 [əwɔ́:rd] アウォード				動 (人)に(賞など)を授与する 名 賞
729 **ban** [bæn] バン				動 を(公式に)禁止する 名 (法律による)禁止
730 **prohibit** アク [prouhíbət] プロウヒビット				動 を禁止する
731 **forbid** [fərbíd] ふォビッド				動 を禁じる
732 **abandon** [əbǽndən] アバンドン				動 を捨てる；を断念する
733 **freeze** [fri:z] ふリーズ				動 凍る；を凍らせる 名 (賃金などの)凍結
734 **lift** [lɪft] りふト				動 を持ち上げる 名 英 エレベーター
735 **hang** [hæŋ] ハング				動 を掛ける；ぶら下がる
736 **shake** [ʃeɪk] シェイク				動 を振る；を動揺させる；揺れる 名 〔普通a ～〕ひと振り；震え
737 **stretch** [stretʃ] ストゥレッチ				動 を(引っ張って)伸ばす，広げる；伸びる 名 ひと続きの広がり[距離，期間]
738 **lay** [leɪ] れイ				動 を置く，敷く；(卵)を産む
739 **stare** [steər] ステア				動 じっと見つめる 名 じっと見つめること
740 **gaze** [geɪz] ゲイズ				動 見つめる 名 凝視

2 記憶から引き出す

意味	ID	単語を書こう
動 を(引っ張って)伸ばす，広げる	737	
動 (を)投資する	724	
動 を禁じる	731	
動 を(大量に)製造する	726	
動 を(公式に)禁止する	729	
動 を振る	736	
動 見つめる	740	
動 を禁止する	730	
動 を置く，敷く	738	
動 を捨てる	732	

意味	ID	単語を書こう
動 凍る	733	
動 を輸出する	722	
動 を掛ける	735	
動 を輸送する	721	
動 反応する	727	
動 を調査する	725	
動 じっと見つめる	739	
動 (人)に(賞など)を授与する	728	
動 を持ち上げる	734	
動 を輸入する	723	

3 Drill 36 の復習テスト

✓	単語 なぞって書く	ID	意味を書こう
	embarrass	708	
	transfer	720	
	puzzle	710	
	stimulate	712	
	overcome	718	
	bother	704	
	discourage	707	
	cure	716	
	injure	715	
	disturb	706	

✓	単語 なぞって書く	ID	意味を書こう
	spell	703	
	illustrate	702	
	quit	719	
	upset	711	
	recover	717	
	annoy	705	
	confirm	701	
	blow	714	
	frighten	709	
	beat	713	

忘れていた単語は，p.102 の My Word List へ Go

1 書いて記憶 [単語番号：741～760]

学習日：　　月　　日

単語	1回目 意味を確認して単語を書く	2回目 発音しながら単語を書く	3回目 意味に合う単語を書く	意味
741 **capture** [kǽptʃər] キャプチャ				動 を捕らえる 名 捕獲；捕虜
742 **breed** [briːd] ブリード				動 を繁殖させる，飼育する；(動物が)子を産む 名 品種
743 **mammal** 発 [mǽməl] ママる				名 哺乳[ほにゅう]類，哺乳動物
744 **ape** [eɪp] エイプ				名 類人猿
745 **insect** ア [ínsekt] インセクト				名 昆虫
746 **infant** [ínfənt] インふァント				名 乳児；幼児 形 幼児の
747 **organ** 発 [ɔ́ːrgən] オーガン				名 臓器
748 **web** [web] ウェッブ				名 [the W～ / the w～] (ワールドワイド)ウェブ；クモの巣(状のもの)
749 **fossil** [fá(ː)səl] ふァ(ー)スィる				名 化石 形 化石の；地中から掘り出した
750 **battle** [bǽtl] バトゥる				名 戦闘；争い 動 戦う
751 **enemy** [énəmi] エネミィ				名 敵
752 **weapon** 発 [wépən] ウェポン				名 兵器；武器
753 **arm** [ɑːrm] アーム				名 腕；[普通～s]武器，兵器 動 を武装させる；武装する
754 **army** [ɑ́ːrmi] アーミィ				名 [普通 the ～]陸軍；軍隊
755 **navy** [néɪvi] ネイヴィ				名 [しばしば the N～]海軍
756 **border** [bɔ́ːrdər] ボーダァ				名 境界線，国境 動 と境界を接する
757 **barrier** ア [bǽriər] バリア				名 障壁
758 **philosophy** [fəlá(ː)səfi] ふィら(ー)ソふィ				名 哲学；(個人の)人生観
759 **psychology** 発 [saɪká(ː)lədʒi] サイカ(ー)ろヂィ				名 心理学；心理
760 **alarm** [əlɑ́ːrm] アらーム				名 警報(機)；目覚まし時計 動 をはっとさせる；を心配させる

2 記憶から引き出す

意味	ID	単語を書こう
名 腕	753	
名 臓器	747	
名 海軍	755	
名 哲学	758	
名 (ワールドワイド)ウェブ	748	
名 化石	749	
名 哺乳類，哺乳動物	743	
名 境界線，国境	756	
名 警報(機)	760	
名 心理学	759	

意味	ID	単語を書こう
名 陸軍	754	
名 兵器	752	
名 敵	751	
名 類人猿	744	
動 を繁殖させる，飼育する	742	
名 乳児	746	
名 戦闘	750	
動 を捕らえる	741	
名 障壁	757	
名 昆虫	745	

3 Drill 37 の復習テスト

✓	単語 なぞって書く	ID	意味を書こう
	hang	735	
	prohibit	730	
	export	722	
	gaze	740	
	invest	724	
	freeze	733	
	react	727	
	stretch	737	
	lay	738	
	award	728	

✓	単語 なぞって書く	ID	意味を書こう
	lift	734	
	stare	739	
	manufacture	726	
	forbid	731	
	ban	729	
	investigate	725	
	transport	721	
	abandon	732	
	shake	736	
	import	723	

忘れていた単語は，p.102 の My Word List へ GO

Drill 39 **1 書いて記憶** [単語番号：761～780]

学習日：　　月　　日

単語	1回目 意味を確認して単語を書く	2回目 発音しながら単語を書く	3回目 意味に合う単語を書く	意味
761 **harm** [hɑːrm] ハーム				名 害 動 を傷つける
762 **depression** [dɪpréʃən] ディプレション				名 うつ病；憂うつ；不景気
763 **disadvantage** 発 [dìsədvǽntɪdʒ] ディサドヴァンテッヂ				名 不利(な点)；不利益 動 (人)を不利な立場に置く
764 **shortage** 発 [ʃɔ́ːrtɪdʒ] ショーテッヂ				名 不足
765 **stock** [stɑ(ː)k] スタ(ー)ック				名 在庫品；株式；蓄え 動 (商品)を店に置いている
766 **loan** [loʊn] ろウン				名 ローン，貸付金 動 を貸す
767 **budget** [bʌ́dʒət] バヂェット				名 予算(案)；経費
768 **innovation** [ìnəvéɪʃən] イノヴェイション				名 革新
769 **union** [júːnjən] ユーニョン				名 組合；連合
770 **unit** [júːnɪt] ユーニット				名 (最小)単位；構成部分
771 **material** [mətíəriəl] マティ(ア)リアる				名 材料，原料；資料；生地 形 物質の；物質的な
772 **substance** アク [sʌ́bstəns] サブスタンス				名 物質；実質
773 **stuff** [stʌf] スタふ				名 持ち物；材料；(漠然と)物 動 を詰め込む；に詰め物をする
774 **proportion** [prəpɔ́ːrʃən] プロポーション				名 割合；〔普通～s〕均衡
775 **edge** [edʒ] エッヂ				名 へり；(刃物の)刃 動 を縁取る；を研ぐ
776 **code** [koʊd] コウド				名 規範；暗号，コード
777 **mystery** [místəri] ミステリィ				名 なぞ，神秘；推理小説
778 **curious** [kjʊ́əriəs] キュ(ア)リアス				形 好奇心の強い；(物事が)奇妙な
779 **strict** [strɪkt] ストゥリクト				形 (規則などが)厳しい；(人が)厳格な
780 **frank** [fræŋk] ふランク				形 率直な

2 記憶から引き出す

意味	ID	単語を書こう
名 ローン，貸付金	766	
形 率直な	780	
名 (最小)単位	770	
形 好奇心の強い	778	
名 害	761	
名 へり	775	
名 予算(案)	767	
名 規範	776	
名 不足	764	
名 在庫品	765	

意味	ID	単語を書こう
名 組合	769	
名 持ち物	773	
名 うつ病	762	
名 なぞ，神秘	777	
名 物質	772	
形 (規則などが)厳しい	779	
名 割合	774	
名 革新	768	
名 不利(な点)	763	
名 材料，原料	771	

3 Drill 38 の復習テスト

✓	単語 なぞって書く	ID	意味を書こう
	insect	745	
	infant	746	
	mammal	743	
	alarm	760	
	psychology	759	
	ape	744	
	arm	753	
	breed	742	
	web	748	
	philosophy	758	

✓	単語 なぞって書く	ID	意味を書こう
	barrier	757	
	organ	747	
	weapon	752	
	enemy	751	
	army	754	
	navy	755	
	battle	750	
	capture	741	
	border	756	
	fossil	749	

忘れていた単語は，p.102 の My Word List へ GO

Drill 40

1 書いて記憶 [単語番号：781 ～ 800]

学習日：　　月　　日

単語	1回目 意味を確認して単語を書く	2回目 発音しながら単語を書く	3回目 意味に合う単語を書く	意味
781 **polite** (ア) [pəláɪt] ポライト				形 丁寧な，礼儀正しい
782 **aggressive** [əgrésɪv] アグレスィヴ				形 攻撃的な；積極的な
783 **accurate** (発) [ǽkjərət] アキュレット				形 正確な
784 **exact** [ɪgzǽkt] イグザクト				形 正確な
785 **proper** [prɑ́(ː)pər] プラ(ー)パァ				形 適切な
786 **brief** [briːf] ブリーふ				形 短時間の；簡潔な 名 概要
787 **extraordinary** (発) [ɪkstrɔ́ːrdənèri] イクストゥローディネリィ				形 並はずれた；異常な
788 **flexible** [fléksəbl] ふれクスィブる				形 柔軟な；(物が)曲げやすい
789 **pleasant** (発) (ア) [plézənt] プれズント				形 (物事が)快い，楽しい；(人が)感じのよい
790 **comfortable** (発) (ア) [kʌ́mfərtəbl] カンふォタブる				形 (家具・衣服などが)心地よい，快適な；(人が)心地よく感じる
791 **stable** [stéɪbl] ステイブる				形 安定した
792 **thick** [θɪk] すィック				形 分厚い；濃い
793 **thin** [θɪn] すィン				形 やせた；細い；薄い 動 やせる；を薄くする
794 **abstract** [ǽbstrækt] アブストゥラクト				形 抽象的な 動 (アク別) を抽出する 名 要約
795 **concrete** [kɑ(ː)nkríːt] カ(ー)ンクリート				形 具体的な；コンクリート製の 名 (アク別) コンクリート
796 **absolute** [ǽbsəljùːt] アブソリュート				形 絶対的な；まったくの
797 **prime** [praɪm] プライム				形 最も重要な，第1の 名 〔普通 the [*one's*] ～〕全盛期
798 **vital** (発) [váɪtəl] ヴァイトゥる				形 極めて重要な；生命の
799 **contrary** (ア) [kɑ́(ː)ntrèri] カ(ー)ントゥレリィ				形 相反する 名 〔the ～〕(正)反対
800 **regardless** [rɪgɑ́ːrdləs] リガードれス				形 気にかけない 副 (困難・非難・危険などに)構わず

2 記憶から引き出す

意味	ID	単語を書こう
形 正確な	783	
形 正確な	784	
形 やせた	793	
形 並はずれた	787	
形 絶対的な	796	
形 柔軟な	788	
形 丁寧な，礼儀正しい	781	
形 最も重要な，第1の	797	
形 (物事が)快い，楽しい	789	
形 極めて重要な	798	

意味	ID	単語を書こう
形 抽象的な	794	
形 分厚い	792	
形 気にかけない	800	
形 安定した	791	
形 (家具・衣服などが)心地よい，快適な	790	
形 相反する	799	
形 適切な	785	
形 短時間の	786	
形 具体的な	795	
形 攻撃的な	782	

3 Drill 39の復習テスト

✓	単語 なぞって書く	ID	意味を書こう
	harm	761	
	budget	767	
	curious	778	
	substance	772	
	stock	765	
	unit	770	
	code	776	
	union	769	
	loan	766	
	stuff	773	

✓	単語 なぞって書く	ID	意味を書こう
	disadvantage	763	
	edge	775	
	strict	779	
	material	771	
	proportion	774	
	innovation	768	
	shortage	764	
	mystery	777	
	depression	762	
	frank	780	

忘れていた単語は，p.102のMy Word Listへ Go

My Word List　Drill 35～39

～覚えていなかった単語～

単語	意味

単語	意味

最低「５回」は書いて絶対に覚えよう！

Part 2 Section 9

Drill 41 104
Drill 42 106
Drill 43 108
Drill 44 110
Drill 45 112
My Word List 114

Drill 41 **1 書いて記憶** [単語番号：801 ～ 820]

学習日：　　月　　日

単語	1回目 意味を確認して単語を書く	2回目 発音しながら単語を書く	3回目 意味に合う単語を書く	意味
801 **permit** アク [pərmít] パミット				動 を許可する 名 アク別 許可証
802 **suspect** アク [səspékt] サスペクト				動 ではないかと思う 名 発別 容疑者
803 **pursue** アク [pərsjúː] パス(ュ)ー				動 を追求する；(仕事など)に従事する；を追跡する
804 **pretend** アク [prɪténd] プリテンド				動 ふりをする
805 **calculate** アク [kǽlkjulèɪt] キャるキュれイト				動 を計算する
806 **guarantee** 発 アク [gæ̀rəntíː] ギャランティー				動 を保証する，確約する 名 保証；保証書
807 **acknowledge** 発 [əkná(ː)lɪdʒ] アクナ(ー)れッヂ				動 を認める；に礼を言う
808 **impress** アク [ɪmprés] インプレス				動 を感動させる
809 **urge** 発 [əːrdʒ] アーヂ				動 を熱心に勧める；を強く促す 名 衝動
810 **convey** アク [kənvéɪ] コンヴェイ				動 を伝達する；を運ぶ
811 **celebrate** アク [séləbrèɪt] セれブレイト				動 (行事など)を祝う
812 **admire** [ədmáɪər] アドマイア				動 に感嘆する；を称賛する
813 **devote** [dɪvóut] ディヴォウト				動 (時間など)を充てる
814 **dominate** [dá(ː)mɪnèɪt] ダ(ー)ミネイト				動 を支配する，統治する
815 **eliminate** アク [ɪlímɪnèɪt] イりミネイト				動 を取り除く
816 **restrict** [rɪstríkt] リストゥリクト				動 を制限する
817 **isolate** [áɪsəlèɪt] アイソれイト				動 を切り離す；を孤立させる
818 **endanger** [ɪndéɪndʒər] インデインヂャ				動 を(滅亡の)危険にさらす
819 **secure** アク [sɪkjúər] スィキュア				動 を確保する；を守る 形 安全な；確かな
820 **reserve** 発 [rɪzə́ːrv] リザ～ヴ				動 を予約する；をとっておく 名 (しばしば～s)備蓄；保護区

2 記憶から引き出す

意味	ID	単語を書こう
動 (時間など)を充てる	813	
動 を支配する, 統治する	814	
動 を制限する	816	
動 を伝達する	810	
動 を許可する	801	
動 を計算する	805	
動 を保証する, 確約する	806	
動 (行事など)を祝う	811	
動 を追求する	803	
動 ふりをする	804	

意味	ID	単語を書こう
動 ではないかと思う	802	
動 に感嘆する	812	
動 を予約する	820	
動 を感動させる	808	
動 を切り離す	817	
動 を熱心に勧める	809	
動 を(滅亡の)危険にさらす	818	
動 を取り除く	815	
動 を確保する	819	
動 を認める	807	

3 Drill 40 の復習テスト

✓	単語 なぞって書く	ID	意味を書こう
	contrary	799	
	aggressive	782	
	absolute	796	
	polite	781	
	stable	791	
	abstract	794	
	vital	798	
	flexible	788	
	comfortable	790	
	pleasant	789	

✓	単語 なぞって書く	ID	意味を書こう
	concrete	795	
	brief	786	
	thin	793	
	exact	784	
	thick	792	
	extraordinary	787	
	accurate	783	
	proper	785	
	prime	797	
	regardless	800	

忘れていた単語は, p.114 の My Word List へ GO

Drill 42 **1 書いて記憶** [単語番号：821 ～ 840]　学習日：　月　日

単語	1回目 意味を確認して単語を書く	2回目 発音しながら単語を書く	3回目 意味に合う単語を書く	意味
821 **possess** 発 ア [pəzés] ポゼス				動 (性質・能力など)を持っている；を所有している
822 **launch** 発 [lɔːntʃ] ろーンチ				動 を始める；(ロケットなど)を発射する 名 開始；(ロケットなどの)発射
823 **detect** [dɪtékt] ディテクト				動 を見つける，検出する
824 **reverse** [rɪvə́ːrs] リヴァ～ス				動 を逆転させる，転換する 名 [the ～]逆 形 逆の；裏の
825 **convert** ア [kənvə́ːrt] コンヴァ～ト				動 を変える；を転向させる 名 発別 改宗者，転向者
826 **hurry** [hə́ːri] ハ～リィ				動 急ぐ；をせき立てる 名 急ぐこと
827 **rush** [rʌʃ] ラッシ				動 急いで行く 名 突進；混雑
828 **roll** [roʊl] ロウる				動 転がる；を転がす 名 一巻き；名簿
829 **crash** [kræʃ] クラッシ				動 (大きな音を立てて)衝突する；墜落する 名 衝突(事故)；墜落
830 **bury** 発 [béri] ベリィ				動 を埋める；を埋葬する
831 **dig** [dɪg] ディッグ				動 を掘る
832 **attach** [ətǽtʃ] アタッチ				動 を付ける；を添付する；[受身形で](～に)愛着を抱いている(to)
833 **melt** [melt] メるト				動 (熱で)溶ける；を溶かす
834 **accompany** [əkʌ́mpəni] アカンパニィ				動 と一緒に行く；に伴って起こる；の伴奏をする
835 **assist** [əsíst] アスィスト				動 (人)を手伝う；援助する 名 主に米 援助
836 **cope** [koʊp] コウプ				動 (うまく)対処する
837 **lend** [lend] れンド				動 (人)に(物)を貸す
838 **rent** [rent] レント				動 主に米 を賃借りする；を賃貸しする 名 家賃；使用料
839 **owe** [oʊ] オウ				動 (人)に(金など)を借りている；は(～の)おかげである(to)
840 **apologize** ア [əpá(ː)lədʒàɪz] アパ(ー)ろヂャイズ				動 謝る

2 記憶から引き出す

意味	ID	単語を書こう
動 主に米 を賃借りする	838	
動 (うまく)対処する	836	
動 (人)を手伝う	835	
動 急ぐ	826	
動 (性質・能力など)を持っている	821	
動 を埋める	830	
動 を逆転させる，転換する	824	
動 (大きな音を立てて)衝突する	829	
動 を変える	825	
動 (人)に(金など)を借りている	839	

意味	ID	単語を書こう
動 を始める	822	
動 を見つける，検出する	823	
動 (熱で)溶ける	833	
動 を掘る	831	
動 を付ける	832	
動 と一緒に行く	834	
動 謝る	840	
動 急いで行く	827	
動 転がる	828	
動 (人)に(物)を貸す	837	

3 Drill 41 の復習テスト

✓	単語 なぞって書く	ID	意味を書こう
	convey	810	
	guarantee	806	
	suspect	802	
	isolate	817	
	pretend	804	
	urge	809	
	acknowledge	807	
	dominate	814	
	celebrate	811	
	impress	808	

✓	単語 なぞって書く	ID	意味を書こう
	reserve	820	
	admire	812	
	permit	801	
	endanger	818	
	pursue	803	
	devote	813	
	calculate	805	
	secure	819	
	eliminate	815	
	restrict	816	

忘れていた単語は，p.114 の My Word List へ Go

Drill 43 1 書いて記憶 [単語番号：841 ～ 860]

学習日：　　月　　日

単語	1回目 意味を確認して単語を書く	2回目 発音しながら単語を書く	3回目 意味に合う単語を書く	意味
841 **forgive** [fərɡív] ふォギヴ				動 (人の罪など)を許す
842 **tongue** 発 [tʌŋ] タング				名 言語；舌；言葉遣い
843 **dialect** ア [dáɪəlèkt] ダイアれクト				名 方言
844 **accent** [ǽksent] アクセント				名 なまり，方言；アクセント
845 **colony** [ká(:)ləni] カ(ー)ろニィ				名 植民(地)；集団
846 **grain** [ɡreɪn] グレイン				名 穀物；(砂などの)粒
847 **harvest** ア [há:rvɪst] ハーヴェスト				名 収穫 動 を収穫する
848 **ingredient** [ɪnɡrí:diənt] イングリーディエント				名 (料理の)材料；(成功などの)要素
849 **portion** [pɔ́:rʃən] ポーション				名 部分；(食べ物の)1人前；分け前 動 を分割する
850 **hunger** [hʌ́ŋɡər] ハンガァ				名 飢え；(a ～)渇望
851 **obesity** 発 [oubí:səti] オウビースィティ				名 肥満
852 **burden** [bə́:rdən] バ～ドゥン				名 (精神的)負担，重荷 動 に負担をかける
853 **emergency** [ɪmə́:rdʒənsi] イマ～ヂェンスィ				名 緊急(事態)
854 **debt** 発 [det] デット				名 借金；恩義
855 **contract** ア [ká(:)ntræ̀kt] カ(ー)ントゥラクト				名 契約；契約書 動 《発別》を契約する；(病気)にかかる；を縮小する
856 **client** [kláɪənt] クらイエント				名 得意客；(弁護士などへの)依頼人
857 **therapy** [θérəpi] せラピィ				名 (心理)療法；治療
858 **physician** [fɪzíʃən] ふィズィシャン				名 内科医，医師
859 **democracy** ア [dɪmá(:)krəsi] ディマ(ー)クラスィ				名 民主主義；民主政治
860 **election** [ɪlékʃən] イれクション				名 選挙

2 記憶から引き出す

意味	ID	単語を書こう
動 (人の罪など)を許す	841	
名 なまり，方言	844	
名 (料理の)材料	848	
名 民主主義	859	
名 (心理)療法	857	
名 方言	843	
名 契約	855	
名 穀物	846	
名 内科医，医師	858	
名 言語	842	

意味	ID	単語を書こう
名 植民(地)	845	
名 収穫	847	
名 借金	854	
名 肥満	851	
名 選挙	860	
名 緊急(事態)	853	
名 飢え	850	
名 部分	849	
名 得意客	856	
名 (精神的)負担，重荷	852	

3 Drill 42の復習テスト

✓	単語 なぞって書く	ID	意味を書こう
	rent	838	
	dig	831	
	lend	837	
	bury	830	
	assist	835	
	apologize	840	
	possess	821	
	launch	822	
	convert	825	
	accompany	834	

✓	単語 なぞって書く	ID	意味を書こう
	attach	832	
	rush	827	
	reverse	824	
	melt	833	
	cope	836	
	crash	829	
	owe	839	
	detect	823	
	hurry	826	
	roll	828	

忘れていた単語は，p.114 の My Word List へ GO

Drill 44 1 書いて記憶 [単語番号：861 ～ 880]

学習日：　月　日

単語	1回目 意味を確認して単語を書く	2回目 発音しながら単語を書く	3回目 意味に合う単語を書く	意味
861 **vote** [vout] ヴォウト				名 投票；〔普通the ~〕選挙権 動 投票する；を投票で決める
862 **candidate** ア [kǽndɪdèɪt] キャンディデイト				名 候補者；志願者
863 **minister** [mínɪstər] ミニスタァ				名 〔しばしばM~〕大臣；聖職者
864 **conference** [ká(:)nfərəns] カ(ー)ンふァレンス				名 会議；会合
865 **ceremony** [sérəmòuni] セレモウニィ				名 式典，儀式
866 **institution** [ìnstɪtjú:ʃən] インスティテューション				名 機関；制度
867 **corporation** [kɔ̀:rpəréɪʃən] コーポレイション				名 (大)企業
868 **cooperation** [kouὰ(:)pəréɪʃən] コウア(ー)ペレイション				名 協力，協同
869 **authority** ア [əːθɔ́:rəti] オーそーリティ				名 〔普通the ~ties〕当局；権威；権限
870 **theme** 発 [θi:m] すィーム				名 主題，テーマ
871 **notion** [nóuʃən] ノウション				名 考え；概念
872 **hypothesis** 発 [haɪpά(:)θəsɪs] ハイパ(ー)セスィス				名 仮説
873 **discipline** [dísəplɪn] ディスィプリン				名 規律，しつけ；訓練；(学問の)一分野 動 を訓練する，しつける
874 **route** 発 [ru:t] ルート				名 道(筋)；方法
875 **routine** 発 ア [rù:tí:n] ルーティーン				名 日課，決まりきった仕事 形 日常の；決まりきった
876 **destination** [dèstɪnéɪʃən] デスティネイション				名 目的地
877 **domestic** [dəméstɪk] ドメスティック				形 国内の；家庭内の
878 **ethnic** ア [éθnɪk] エすニック				形 民族の，人種の
879 **alien** 発 [éɪliən] エイリアン				形 異質の；外国の 名 (居留)外国人；異星人
880 **visible** [vízəbl] ヴィズィブる				形 目に見える；目立った

2 記憶から引き出す

意味	ID	単語を書こう
名 大臣	863	
名 道(筋)	874	
名 候補者	862	
名 式典，儀式	865	
名 協力，協同	868	
形 民族の，人種の	878	
名 主題，テーマ	870	
形 国内の	877	
名 投票	861	
名 規律，しつけ	873	

意味	ID	単語を書こう
形 目に見える	880	
名 目的地	876	
名 日課，決まりきった仕事	875	
名 当局	869	
名 考え	871	
名 機関	866	
名 会議	864	
名 (大)企業	867	
形 異質の	879	
名 仮説	872	

3 Drill 43の復習テスト

✓	単語 なぞって書く	ID	意味を書こう
	hunger	850	
	emergency	853	
	therapy	857	
	physician	858	
	burden	852	
	accent	844	
	obesity	851	
	contract	855	
	dialect	843	
	forgive	841	

✓	単語 なぞって書く	ID	意味を書こう
	client	856	
	debt	854	
	election	860	
	colony	845	
	grain	846	
	harvest	847	
	democracy	859	
	ingredient	848	
	tongue	842	
	portion	849	

忘れていた単語は，p.114 の My Word List へ GO

1 書いて記憶 [単語番号：881 ～ 900]

学習日：　　月　　日

単語	1回目 意味を確認して単語を書く	2回目 発音しながら単語を書く	3回目 意味に合う単語を書く	意味
881 **verbal** [vә́:rbәl] ヴァ～バる				形 言葉による
882 **fundamental** 発 [fʌ̀ndәméntәl] ふァンダメントゥる				形 基本の 名 〔普通～s〕基本
883 **conventional** [kәnvénʃәnәl] コンヴェンショヌる				形 従来の；ありきたりの
884 **relevant** [rélәvәnt] レれヴァント				形 関係のある；適切な，妥当な
885 **rational** [rǽʃәnәl] ラショヌる				形 合理的な；理性のある
886 **precise** ア [prɪsáɪs] プリサイス				形 正確な；緻密[ちみつ]な
887 **principal** [prínsәpәl] プリンスィパる				形 主要な；第1位の 名 米 校長；(組織の)長
888 **crucial** [krú:ʃәl] クルーシャる				形 重大な
889 **permanent** [pә́:rmәnәnt] パ～マネント				形 永続的な；永久の；常任の 名 (髪の)パーマ
890 **intense** [ɪnténs] インテンス				形 激しい，強烈な
891 **equivalent** ア [ɪkwívәlәnt] イクウィヴァれント				形 相当する；同等の 名 等しいもの
892 **frequent** ア [frí:kwәnt] ふリークウェント				形 頻繁な
893 **sudden** [sʌ́dәn] サドゥン				形 急な
894 **temporary** [témpәrèri] テンポレリィ				形 臨時の，一時的な
895 **internal** ア [ɪntә́:rnәl] インタ～ヌる				形 内部の；国内の
896 **external** [ɪkstә́:rnәl] イクスタ～ヌる				形 外部の；国外の
897 **distinct** 発 [dɪstíŋkt] ディスティンクト				形 まったく異なる；はっきりした
898 **extinct** [ɪkstíŋkt] イクスティンクト				形 絶滅した；(火などが)消えた
899 **exhausted** 発 [ɪgzɔ́:stɪd] イグゾースティッド				形 疲れ果てた；使い尽くされた
900 **evil** 発 [í:vәl] イーヴる				形 邪悪な 名 悪；害悪

2 記憶から引き出す

意味	ID	単語を書こう
形 絶滅した	898	
形 合理的な	885	
形 基本の	882	
形 内部の	895	
形 永続的な	889	
形 言葉による	881	
形 頻繁な	892	
形 疲れ果てた	899	
形 従来の	883	
形 外部の	896	

意味	ID	単語を書こう
形 関係のある	884	
形 急な	893	
形 相当する	891	
形 臨時の，一時的な	894	
形 主要な	887	
形 激しい，強烈な	890	
形 まったく異なる	897	
形 正確な	886	
形 邪悪な	900	
形 重大な	888	

3 Drill 44 の復習テスト

✓	単語 なぞって書く	ID	意味を書こう
	cooperation	868	
	institution	866	
	routine	875	
	minister	863	
	candidate	862	
	ceremony	865	
	discipline	873	
	conference	864	
	notion	871	
	authority	869	

✓	単語 なぞって書く	ID	意味を書こう
	visible	880	
	alien	879	
	corporation	867	
	destination	876	
	hypothesis	872	
	theme	870	
	vote	861	
	domestic	877	
	ethnic	878	
	route	874	

忘れていた単語は，p.114 の My Word List へ GO

My Word List Drill 40 ～ 44

～覚えていなかった単語～

単語	意味

単語	意味

最低「５回」は書いて絶対に覚えよう！

Part 2 Section 10

Drill 46 116

Drill 47 118

Drill 48 120

Drill 49 122

Drill 50 124

My Word List 126

Drill 46 **1 書いて記憶** [単語番号：901～920]

学習日：　月　日

単語	1回目 意味を確認して単語を書く	2回目 発音しながら単語を書く	3回目 意味に合う単語を書く	意味
901 **greet** [gri:t] グリート				動 (人)に挨拶[あいさつ]する；(人)を迎える
902 **chat** [tʃæt] チャット				動 おしゃべりをする 名 おしゃべり
903 **remark** [rɪmá:rk] リマーク				動 と述べる，言う；に気づく 名 意見
904 **utter** [ʌ́tər] アタァ				動 (言葉など)を発する 形 まったくの，完全な
905 **command** [kəmǽnd] コマンド				動 を命ずる；(景色など)を見渡せる 名 命令；支配(力)；(外国語などを)操る能力
906 **declare** [dɪkléər] ディクれア				動 を宣言する；を断言する；(課税品)を申告する
907 **pronounce** 発 ア [prənáuns] プロナウンス				動 を発音する；を明言する，宣言する
908 **correspond** ア [kɔ̀(:)rəspá(:)nd] コ(ー)レスパ(ー)ンド				動 一致する；(手紙などで)連絡を取り合う
909 **imitate** ア [ímɪtèɪt] イミテイト				動 をまねる；を手本とする
910 **resemble** [rɪzémbl] リゼンブる				動 に似ている
911 **exhibit** 発 ア [ɪgzíbət] イグズィビット				動 を(展覧会などに)展示する；(感情・兆候など)を示す 名 展示品
912 **distribute** ア [dɪstríbjət] ディストゥリビュト				動 を分配する；を配達する
913 **attribute** ア [ətríbjù:t] アトゥリビュート				動 (結果)を(～の)せい[おかげ]と考える(to) 名 発アク 特質
914 **evaluate** [ɪvǽljuèɪt] イヴァりュエイト				動 を評価する
915 **assess** [əsés] アセス				動 を評価する；を査定する
916 **deserve** 発 [dɪzə́:rv] ディザ～ヴ				動 に値する
917 **weigh** 発 [weɪ] ウェイ				動 の重さがある；の重さを量る
918 **strengthen** 発 [stréŋkθən] ストゥレンクすン				動 を強くする；強くなる
919 **weaken** [wí:kən] ウィークン				動 を弱める；弱まる
920 **approve** [əprú:v] アプルーヴ				動 賛成する；を承認する

2 記憶から引き出す

意味	ID	単語を書こう
動 賛成する	920	
動 をまねる	909	
動 に値する	916	
動 を強くする	918	
動 を(展覧会などに)展示する	911	
動 を分配する	912	
動 を評価する；を査定する	915	
動 (言葉など)を発する	904	
動 一致する	908	
動 (人)に挨拶する	901	

意味	ID	単語を書こう
動 を弱める	919	
動 を評価する	914	
動 の重さがある	917	
動 と述べる，言う	903	
動 に似ている	910	
動 おしゃべりをする	902	
動 (結果)を(～の)せい[おかげ]と考える (to)	913	
動 を宣言する	906	
動 を発音する	907	
動 を命ずる	905	

3 Drill 45の復習テスト

✓	単語 なぞって書く	ID	意味を書こう
	sudden	893	
	rational	885	
	equivalent	891	
	distinct	897	
	extinct	898	
	exhausted	899	
	internal	895	
	evil	900	
	relevant	884	
	fundamental	882	

✓	単語 なぞって書く	ID	意味を書こう
	conventional	883	
	temporary	894	
	principal	887	
	crucial	888	
	frequent	892	
	intense	890	
	permanent	889	
	verbal	881	
	external	896	
	precise	886	

忘れていた単語は，p.126 の My Word List へ GO

1 書いて記憶 [単語番号：921 ～ 940]

学習日：　月　日

単語	1回目 意味を確認して単語を書く	2回目 発音しながら単語を書く	3回目 意味に合う単語を書く	意味
921 **assign** 発 [əsáɪn] アサイン				動 (仕事など)を割り当てる；(人)を配属する
922 **sustain** ア [səstéɪn] サステイン				動 を持続させる；を(精神的に)支える
923 **accomplish** [əkɑ́(ː)mplɪʃ] アカ(ー)ンプリッシ				動 を成し遂げる
924 **relieve** [rɪlíːv] リリーヴ				動 (苦痛など)を和らげる，(不安など)を減らす
925 **frustrate** [frʌ́streɪt] ふラストゥレイト				動 に不満を抱かせる；を挫折[ざせつ]させる
926 **scare** [skeər] スケア				動 を怖がらせる
927 **resist** 発 [rɪzíst] リズィスト				動 (普通否定文で)を我慢する；に抵抗する
928 **protest** ア [prətést] プロテスト				動 抗議する 名 発別 抗議
929 **shut** [ʃʌt] シャット				動 を閉める；閉まる 形 閉まった
930 **defeat** [dɪfíːt] ディふィート				動 (対戦相手)を負かす 名 負かすこと；敗北
931 **neglect** ア [nɪɡlékt] ニグれクト				動 を怠る；を無視[軽視]する 名 無視；怠慢
932 **retire** [rɪtáɪər] リタイア				動 引退する；引き下がる
933 **reform** [rɪfɔ́ːrm] リふォーム				動 を改革する，改善する 名 改革
934 **collapse** [kəlǽps] コらプス				動 崩壊する；倒れる；(事業などが)破綻[はたん]する 名 崩壊；破綻
935 **ruin** 発 [rúːɪn] ルーイン				動 を台無しにする；を破滅させる 名 破滅；荒廃；(～s)廃墟[はいきょ]
936 **sink** [sɪŋk] スィンク				動 沈む；を沈める
937 **pile** [paɪl] パイる				動 を積み重ねる；積み重なる 名 (積み上げられた)山
938 **derive** [dɪráɪv] ディライヴ				動 を得る，引き出す；由来する
939 **yield** [jiːld] イーるド				動 を産出する，(利益など)を生む；屈する 名 産出(物)；利益
940 **occupy** ア [ɑ́(ː)kjupàɪ] ア(ー)キュパイ				動 を占める；を占領する

2 記憶から引き出す

意味	ID	単語を書こう
動 崩壊する	934	
動 を産出する，(利益など)を生む	939	
動 (仕事など)を割り当てる	921	
動 を持続させる	922	
動 (対戦相手)を負かす	930	
動 を積み重ねる	937	
動 を成し遂げる	923	
動 に不満を抱かせる	925	
動 を怖がらせる	926	
動 を台無しにする	935	

意味	ID	単語を書こう
動 を改革する，改善する	933	
動 を得る，引き出す	938	
動 引退する	932	
動 を占める	940	
動 沈む	936	
動 を怠る	931	
動 を閉める	929	
動 (苦痛など)を和らげる，(不安など)を減らす	924	
動 を我慢する	927	
動 抗議する	928	

3 Drill 46の復習テスト

✓	単語 なぞって書く	ID	意味を書こう
	remark	903	
	correspond	908	
	evaluate	914	
	utter	904	
	attribute	913	
	weigh	917	
	deserve	916	
	weaken	919	
	strengthen	918	
	exhibit	911	

✓	単語 なぞって書く	ID	意味を書こう
	assess	915	
	imitate	909	
	pronounce	907	
	resemble	910	
	greet	901	
	command	905	
	chat	902	
	distribute	912	
	approve	920	
	declare	906	

忘れていた単語は，p.126 の My Word List へ Go

Drill 48 1 書いて記憶 [単語番号：941 ～ 960]

学習日：　　月　　日

単語	1回目 意味を確認して単語を書く	2回目 発音しながら単語を書く	3回目 意味に合う単語を書く	意味
941 **wrap** [ræp] ラップ				動 を包む 名 包み；(食品用)ラップ
942 **embrace** [ɪmbréɪs] インブレイス				動 を抱き締める；(申し出など)を受け入れる；を含む 名 抱擁
943 **length** 発 [leŋkθ] れンクす				名 (物や時間の)長さ
944 **height** 発 [haɪt] ハイト				名 高度；身長；高さ
945 **volume** ア [vá(:)ljəm] ヴァ(ー)りュム				名 (総)量；体積，容積；音量；(本などの)巻
946 **sum** [sʌm] サム				名 金額；[the ~]合計；[the ~]要点 動 を合計する；を要約する
947 **frame** [freɪm] ふレイム				名 額縁；枠；骨組み 動 を枠にはめる；を立案する
948 **boundary** [báʊndəri] バウンダリィ				名 境界(線)；[普通~ries] 限界
949 **district** [dístrɪkt] ディストゥリクト				名 (行政などの)地区；地域，地方
950 **territory** [térətɔ̀:ri] テリトーリィ				名 領土；縄張り
951 **square** 発 [skweər] スクウェア				名 正方形；広場；平方，2乗 形 正方形の；平方の 副 公平に；直角に 動 を2乗する
952 **empire** ア [émpàɪər] エンパイア				名 帝国
953 **heritage** 発 [hérətɪdʒ] ヘリテッヂ				名 (文化・自然)遺産
954 **fee** [fi:] ふィー				名 料金；(専門職への)謝礼；[~s]授業料
955 **discount** ア [dískaʊnt] ディスカウント				名 割引 動 を値引きする
956 **charity** [tʃærəti] チャリティ				名 慈善事業；慈善行為
957 **mission** [míʃən] ミション				名 使命，任務；使節(団)
958 **profession** [prəféʃən] プロふェション				名 (専門的な)職業
959 **slave** [sleɪv] スれイヴ				名 奴隷
960 **witness** [wítnəs] ウィットネス				名 目撃者；証人；証言 動 を目撃する；(法廷で)証言する

2 記憶から引き出す

意味	ID	単語を書こう
名 額縁	947	
名 正方形	951	
動 を抱き締める	942	
名 金額	946	
名 (専門的な)職業	958	
動 を包む	941	
名 (総)量	945	
名 (文化・自然)遺産	953	
名 使命，任務	957	
名 (物や時間の)長さ	943	

意味	ID	単語を書こう
名 目撃者	960	
名 慈善事業	956	
名 帝国	952	
名 高度	944	
名 奴隷	959	
名 (行政などの)地区	949	
名 領土	950	
名 料金	954	
名 境界(線)	948	
名 割引	955	

3 Drill 47 の復習テスト

✔	単語 なぞって書く	ID	意味を書こう
	relieve	924	
	resist	927	
	sink	936	
	frustrate	925	
	derive	938	
	yield	939	
	pile	937	
	occupy	940	
	collapse	934	
	reform	933	

✔	単語 なぞって書く	ID	意味を書こう
	defeat	930	
	neglect	931	
	scare	926	
	assign	921	
	retire	932	
	sustain	922	
	protest	928	
	accomplish	923	
	ruin	935	
	shut	929	

忘れていた単語は，p.126 の My Word List へ GO

Drill 49　1 書いて記憶 [単語番号：961 ～ 980]

学習日：　　月　　日

単語	1回目 意味を確認して単語を書く	2回目 発音しながら単語を書く	3回目 意味に合う単語を書く	意味
961 **incident** ㋐ [ínsɪdənt] インスィデント				名 出来事；事件
962 **insurance** [ɪnʃúərəns] インシュ(ア)ランス				名 保険；保険料
963 **welfare** [wélfèər] ウェるふェア				名 福祉；幸福；主に米 生活保護
964 **treasure** 発 [tréʒər] トゥレジャ				名 宝物；(普通~s)大切なもの 動 を大切にする
965 **leisure** 発 [líːʒər] リージャ				名 余暇
966 **priority** [praɪɔ́(ː)rəti] プライオ(ー)リティ				名 優先事項；優先
967 **reputation** [rèpjutéɪʃən] レピュテイション				名 評判；名声
968 **honor** 発 [ɑ́(ː)nər] ア(ー)ナァ				名 光栄；名誉；敬意 動 に栄誉を与える；に敬意を表す
969 **statue** 発 [stǽtʃuː] スタチュー				名 像，彫像
970 **architecture** 発 [ɑ́ːrkətèktʃər] アーキテクチャ				名 建築(学)；建築様式；構造
971 **logic** [lɑ́(ː)dʒɪk] ら(ー)ヂック				名 論理；論理学
972 **mechanism** ㋐ [mékənìzm] メカニズム				名 仕組み；機械装置
973 **clue** [kluː] クるー				名 手がかり
974 **means** [miːnz] ミーンズ				名 手段
975 **trap** [træp] トゥラップ				名 わな 動 を陥れる；をわなで捕らえる
976 **trick** [trɪk] トゥリック				名 策略；いたずら；秘訣；芸当 動 をだます
977 **guard** 発 [gɑːrd] ガード				名 警戒；護衛者 動 を守る
978 **innocent** [ínəsənt] イノスント				形 無罪の；無邪気な
979 **guilty** 発 [gílti] ギるティ				形 罪悪感のある；有罪の
980 **rude** [ruːd] ルード				形 無礼な；粗雑な

2 記憶から引き出す

意味	ID	単語を書こう
名 光栄	968	
名 像，彫像	969	
名 建築(学)	970	
名 余暇	965	
名 評判	967	
名 策略	976	
名 宝物	964	
名 論理	971	
名 手段	974	
形 無罪の	978	

意味	ID	単語を書こう
名 警戒	977	
名 わな	975	
名 仕組み	972	
名 優先事項	966	
名 手がかり	973	
形 罪悪感のある	979	
形 無礼な	980	
名 保険	962	
名 福祉	963	
名 出来事	961	

3 Drill 48 の復習テスト

✔	単語 なぞって書く	ID	意味を書こう
	profession	958	
	empire	952	
	frame	947	
	height	944	
	witness	960	
	slave	959	
	fee	954	
	charity	956	
	heritage	953	
	district	949	

✔	単語 なぞって書く	ID	意味を書こう
	length	943	
	embrace	942	
	square	951	
	boundary	948	
	mission	957	
	territory	950	
	discount	955	
	volume	945	
	sum	946	
	wrap	941	

忘れていた単語は，p.126 の My Word List へ GO

Drill 50

1 書いて記憶 [単語番号：981 ～ 1000]

学習日： 月 日

単語	1回目 意味を確認して単語を書く	2回目 発音しながら単語を書く	3回目 意味に合う単語を書く	意味
981 **shy** [ʃaɪ] シャイ				形 内気な，恥ずかしがりの
982 **liberal** [líbərəl] りベラる				形 寛大な；自由主義の；気前のよい 名 自由主義者，リベラル(な人)
983 **stupid** [stjú:pəd] ステューピッド				形 愚かな；ばかげた
984 **reluctant** [rɪlʌ́ktənt] リらクタント				形 気が進まない
985 **generous** [dʒénərəs] ヂェネラス				形 気前のよい；寛大な；豊富な
986 **modest** [mɑ́(:)dəst] マ(ー)デスト				形 控えめな
987 **lonely** 発 [lóunli] ろウンりィ				形 (孤独で)寂しい
988 **pure** [pjuər] ピュア				形 純粋な；まったくの
989 **grand** [grænd] グランド				形 豪華な；雄大な；すばらしい
990 **adequate** 発 ア [ǽdɪkwət] アディクウェット				形 十分な；適切な
991 **apparent** 発 [əpǽrənt] アパレント				形 (見て)明らかな；見たところ～らしい
992 **classic** [klǽsɪk] クらスィック				形 (芸術などが)最高水準の；典型的な 名 名作，古典；代表的なもの
993 **remote** [rɪmóut] リモウト				形 遠く離れた
994 **solid** [sɑ́(:)ləd] サ(ー)りッド				形 固体の；しっかりした；中身のある 名 固体
995 **raw** 発 [rɔ:] ロー				形 生[なま]の；加工していない
996 **plain** [pleɪn] プれイン				形 平易な；明白な；質素な 名 (しばしば～s)平原
997 **primitive** 発 [prímətɪv] プリミティヴ				形 原始の；初期段階の
998 **steady** 発 [stédi] ステディ				形 着実な，一定した；安定した
999 **slight** [slaɪt] スらイト				形 わずかな，少しの
1000 **subtle** 発 [sʌ́tl] サトゥる				形 微妙な；繊細な

2 記憶から引き出す

意味	ID	単語を書こう
形 着実な，一定した	998	
形 わずかな，少しの	999	
形 原始の	997	
形 平易な	996	
形 愚かな	983	
形 (見て)明らかな	991	
形 (孤独で)寂しい	987	
形 生の	995	
形 微妙な	1000	
形 (芸術などが)最高水準の	992	

意味	ID	単語を書こう
形 内気な，恥ずかしがりの	981	
形 遠く離れた	993	
形 気が進まない	984	
形 固体の	994	
形 豪華な	989	
形 純粋な	988	
形 控えめな	986	
形 寛大な	982	
形 気前のよい	985	
形 十分な	990	

3 Drill 49 の復習テスト

✓	単語 なぞって書く	ID	意味を書こう
	trap	975	
	innocent	978	
	welfare	963	
	treasure	964	
	reputation	967	
	rude	980	
	leisure	965	
	trick	976	
	guard	977	
	incident	961	

✓	単語 なぞって書く	ID	意味を書こう
	means	974	
	priority	966	
	guilty	979	
	clue	973	
	honor	968	
	logic	971	
	mechanism	972	
	insurance	962	
	architecture	970	
	statue	969	

忘れていた単語は，p.126 の My Word List へ Go

My Word List　Drill 45 ～ 49

～覚えていなかった単語～

単語	意味

単語	意味

最低「５回」は書いて絶対に覚えよう！

Part 2 Section 11

Drill 51 128
Drill 52 130
Drill 53 132
Drill 54 134
Drill 55 136
My Word List 138

Drill 51　**1 書いて記憶** [単語番号：1001 ～ 1020]　学習日：　月　日

単語	1回目 意味を確認して単語を書く	2回目 発音しながら単語を書く	3回目 意味に合う単語を書く	意味
1001 **delight** [dɪláɪt] ディらイト				動 を大喜びさせる 名 大喜び；喜びを与えるもの
1002 **entertain** ア [èntərtéɪn] エンタテイン				動 (人)を楽しませる；をもてなす；を心に抱く
1003 **fulfill** ア [fʊlfíl] ふるふぃる				動 (要求・希望など)を満たす；(役割・義務など)を果たす
1004 **cheer** [tʃɪər] チア				動 を元気づける；(に)歓声をあげる 名 歓声；声援
1005 **amuse** [əmjú:z] アミューズ				動 を笑わせる；を楽しませる
1006 **anticipate** [æntísɪpèɪt] アンティスィペイト				動 を予期[予想]する；を楽しみに待つ
1007 **confront** [kənfrʌ́nt] コンふラント				動 (問題などが)立ちはだかる；(問題など)に立ち向かう
1008 **undergo** ア [ʌ̀ndərgóʊ] アンダゴウ				動 (変化・試練など)を経験する；(試験・検査など)を受ける
1009 **exceed** ア [ɪksí:d] イクスィード				動 を超える，上回る
1010 **overwhelm** ア [òʊvərhwélm] オウヴァ(フ)ウェるム				動 をまいらせる；を圧倒する
1011 **shoot** [ʃu:t] シュート				動 (人や動物)を撃つ；(弾丸など)を発射する；(映像など)を撮影する
1012 **murder** 発 [mə́:rdər] マ～ダァ				動 を殺害する 名 殺人
1013 **rob** [rɑ(:)b] ラ(ー)ップ				動 (人)から奪う；(銀行など)を襲う
1014 **deprive** [dɪpráɪv] ディプライヴ				動 (人)から奪う
1015 **rid** [rɪd] リッド				動 から取り除く
1016 **interrupt** 発 ア [ìntərʌ́pt] インタラプト				動 をさえぎる；を中断させる
1017 **interfere** 発 ア [ìntərfíər] インタふィア				動 邪魔をする；干渉する
1018 **bully** 発 [bʊ́li] ブリィ				動 をいじめる 名 いじめっ子
1019 **defend** [dɪfénd] ディふェンド				動 を守る
1020 **rescue** [réskju:] レスキュー				動 を救う 名 救助

2 記憶から引き出す

意味	ID	単語を書こう
動 (要求・希望など)を満たす	1003	
動 をいじめる	1018	
動 (人)から奪う;(銀行など)を襲う	1013	
動 (問題など)が立ちはだかる	1007	
動 から取り除く	1015	
動 を予期[予想]する	1006	
動 を笑わせる	1005	
動 (人)を楽しませる	1002	
動 をさえぎる	1016	
動 を殺害する	1012	

意味	ID	単語を書こう
動 を救う	1020	
動 を超える, 上回る	1009	
動 (変化・試練など)を経験する	1008	
動 を大喜びさせる	1001	
動 (人や動物)を撃つ	1011	
動 (人)から奪う	1014	
動 をまいらせる	1010	
動 を守る	1019	
動 邪魔をする	1017	
動 を元気づける	1004	

3 Drill 50の復習テスト

✓	単語 なぞって書く	ID	意味を書こう
	modest	986	
	solid	994	
	grand	989	
	remote	993	
	steady	998	
	liberal	982	
	plain	996	
	raw	995	
	pure	988	
	classic	992	

✓	単語 なぞって書く	ID	意味を書こう
	slight	999	
	shy	981	
	apparent	991	
	primitive	997	
	adequate	990	
	subtle	1000	
	reluctant	984	
	lonely	987	
	generous	985	
	stupid	983	

忘れていた単語は, p.138 の My Word List へ GO

Drill 52　**1 書いて記憶** [単語番号：1021 ～ 1040]　学習日：　月　日

単語	1回目 意味を確認して単語を書く	2回目 発音しながら単語を書く	3回目 意味に合う単語を書く	意味
1021 **accuse** [əkjúːz] アキューズ				動 を非難する；を告訴する
1022 **sue** [sjuː] ス(ュ)ー				動 を(法的に)訴える
1023 **wander** 発 [wɑ́(ː)ndər] ワ(ー)ンダァ				動 ぶらつく，歩き回る 名 (a ~)ぶらつくこと
1024 **chase** [tʃeɪs] チェイス				動 を追いかける 名 追跡
1025 **arrest** [ərést] アレスト				動 を逮捕する 名 逮捕
1026 **submit** ア [səbmít] サブミット				動 を提出する；服従する，屈する
1027 **punish** [pʌ́nɪʃ] パニッシ				動 を罰する
1028 **resolve** 発 [rɪzɑ́(ː)lv] リザ(ー)るヴ				動 を解決する；を決意する
1029 **justify** [dʒʌ́stɪfàɪ] ヂャスティふァイ				動 を正当化する
1030 **restore** [rɪstɔ́ːr] リストー				動 を(元の状態に)戻す，修復する

単語	1回目	2回目	3回目	意味
1031 **modify** [mɑ́(ː)dɪfàɪ] マ(ー)ディふァイ				動 を(部分的に)修正する
1032 **impose** [ɪmpóuz] インポウズ				動 を押しつける；を課す
1033 **compose** [kəmpóuz] コンポウズ				動 を構成する；(曲など)を創作する
1034 **classify** [klǽsɪfàɪ] クらスィふァイ				動 を分類する
1035 **substitute** ア [sʌ́bstɪtjùːt] サブスティテュート				動 を代わりに使う 名 代わりの物[人]
1036 **shrink** [ʃrɪŋk] シリンク				動 縮む；縮小する；を減らす 名 収縮
1037 **lean** [liːn] りーン				動 寄りかかる；傾く；を傾ける 形 やせた
1038 **fold** [fould] ふォウるド				動 を折り畳む；(両腕)を組む
1039 **load** [loud] ろウド				動 を積む，に積む 名 積み荷；重荷；多数
1040 **pour** 発 [pɔːr] ポー				動 を注ぐ；流れ出る；(雨が)激しく降る

2 記憶から引き出す

意味	ID	単語を書こう
動 を追いかける	1024	
動 を(元の状態に)戻す，修復する	1030	
動 を正当化する	1029	
動 を(部分的に)修正する	1031	
動 を押しつける	1032	
動 を(法的に)訴える	1022	
動 を非難する	1021	
動 を注ぐ	1040	
動 を解決する	1028	
動 縮む	1036	

意味	ID	単語を書こう
動 を積む，に積む	1039	
動 を罰する	1027	
動 を提出する	1026	
動 を構成する	1033	
動 を代わりに使う	1035	
動 を分類する	1034	
動 寄りかかる	1037	
動 ぶらつく，歩き回る	1023	
動 を逮捕する	1025	
動 を折り畳む	1038	

3 Drill 51 の復習テスト

✓	単語 なぞって書く	ID	意味を書こう
	fulfill	1003	
	murder	1012	
	bully	1018	
	exceed	1009	
	anticipate	1006	
	defend	1019	
	delight	1001	
	interrupt	1016	
	interfere	1017	
	rescue	1020	

✓	単語 なぞって書く	ID	意味を書こう
	shoot	1011	
	cheer	1004	
	undergo	1008	
	overwhelm	1010	
	amuse	1005	
	rob	1013	
	deprive	1014	
	rid	1015	
	entertain	1002	
	confront	1007	

忘れていた単語は，p.138 の My Word List へ GO

Drill 53 **1 書いて記憶** [単語番号：1041 ～ 1060]　学習日：　月　日

単語	1回目 意味を確認して単語を書く	2回目 発音しながら単語を書く	3回目 意味に合う単語を書く	意味
1041 **float** [flout] ふろウト				動 浮かぶ；を浮かべる 名 浮くもの；救命具
1042 **shine** [ʃaɪn] シャイン				動 輝く；を磨いて光らせる 名 輝き
1043 **editor** [édətər] エディタァ				名 編集者
1044 **poetry** [póuətri] ポウエトゥリィ				名 〔集合的に〕詩
1045 **usage** 発 [júːsɪdʒ] ユーセッヂ				名 (言葉・物の)使い方，使用
1046 **sector** [séktər] セクタァ				名 (産業などの)部門，分野；(都市内の)地域
1047 **span** [spæn] スパン				名 期間；全長
1048 **literacy** [lítərəsi] りテラスィ				名 読み書き能力；(ある分野の)知識
1049 **symptom** [símptəm] スィン(プ)トム				名 症状；(よくないことの)兆候
1050 **phase** 発 [feɪz] ふェイズ				名 (変化などの)段階；(問題などの)面
1051 **surgery** 発 [sə́ːrdʒəri] サ～ヂェリィ				名 (外科)手術；外科
1052 **virus** 発 [váɪərəs] ヴァイ(ア)ラス				名 ウイルス
1053 **poison** [pɔ́ɪzən] ポイズン				名 毒；有害なもの 動 に毒を盛る；に有害な影響を与える
1054 **protein** 発 ア [próutiːn] プロウティーン				名 タンパク質
1055 **liquid** 発 [líkwɪd] りクウィッド				名 液体 形 液体の
1056 **oxygen** [á(ː)ksɪdʒən] ア(ー)クスィヂェン				名 酸素
1057 **globe** [gloub] グろウブ				名 〔普通 the ～〕世界；地球儀；球体
1058 **pole** [poul] ポウる				名 極(地)；棒
1059 **valley** [væli] ヴァりィ				名 谷
1060 **conservation** [kɑ̀(ː)nsərvéɪʃən] カ(ー)ンサヴェイション				名 (自然環境などの)保護；保存

2 記憶から引き出す

意味	ID	単語を書こう
動 輝く	1042	
名 (外科)手術	1051	
名 編集者	1043	
名 (変化などの)段階	1050	
名 詩	1044	
名 症状	1049	
名 読み書き能力	1048	
名 液体	1055	
名 (言葉・物の)使い方, 使用	1045	
名 タンパク質	1054	

意味	ID	単語を書こう
名 期間	1047	
名 谷	1059	
名 (産業などの)部門, 分野	1046	
名 極(地)	1058	
名 酸素	1056	
名 ウイルス	1052	
動 浮かぶ	1041	
名 毒	1053	
名 世界	1057	
名 (自然環境などの)保護	1060	

3 Drill 52の復習テスト

✔	単語 なぞって書く	ID	意味を書こう
	punish	1027	
	compose	1033	
	submit	1026	
	load	1039	
	wander	1023	
	chase	1024	
	resolve	1028	
	fold	1038	
	arrest	1025	
	shrink	1036	

✔	単語 なぞって書く	ID	意味を書こう
	modify	1031	
	impose	1032	
	restore	1030	
	lean	1037	
	accuse	1021	
	substitute	1035	
	justify	1029	
	classify	1034	
	pour	1040	
	sue	1022	

忘れていた単語は, p.138 の My Word List へ GO

Drill 54 1 書いて記憶 [単語番号：1061 ～ 1080]

学習日：　　月　　日

単語	1回目 意味を確認して単語を書く	2回目 発音しながら単語を書く	3回目 意味に合う単語を書く	意味
1061 **channel** 発 [tʃǽnəl] チャヌる				名 〔しばしば~s〕(情報などの)伝達経路 動 (エネルギー・資金など)を通して送る
1062 **glacier** [gléɪʃər] グれイシャ				名 氷河
1063 **pioneer** アク [pàɪəníər] パイオニア				名 先駆者，パイオニア 動 (未開地など)を切り開く 形 先駆的な，草分けの
1064 **prospect** [prá(:)spekt] プラ(ー)スペクト				名 見込み，可能性；〔~s〕将来性
1065 **enthusiasm** アク [ɪnθjú:ziæ̀zm] インす(ュ)ーズィアズム				名 熱狂，熱中，熱心
1066 **passion** [pǽʃən] パション				名 情熱；熱中
1067 **fortune** [fɔ́:rtʃən] ふォーチュン				名 財産；幸運；運勢
1068 **obstacle** [á(:)bstəkl] ア(ー)ブスタクる				名 障害(物)
1069 **prejudice** アク [prédʒʊdəs] プレヂュディス				名 偏見；先入観 動 に偏見を抱かせる
1070 **justice** [dʒʌ́stɪs] ヂャスティス				名 正義；公正；司法
1071 **opponent** 発 アク [əpóʊnənt] オポウネント				名 (試合などの)相手，敵；反対[敵対]者 形 敵対する；反対の
1072 **sacrifice** 発 [sǽkrɪfàɪs] サクリふァイス				名 犠牲(的行為)；いけにえ 動 を犠牲にする
1073 **fault** 発 [fɔ:lt] ふォーるト				名 〔普通the ~, *one's* ~〕(過失の)責任；欠点
1074 **prison** [prízən] プリズン				名 刑務所
1075 **shelter** [ʃéltər] シェるタァ				名 避難(所)；収容所；住まい 動 を保護する；を避難させる；(風雨などを)避ける
1076 **committee** アク [kəmíti] コミッティ				名 委員会；(全)委員
1077 **ritual** [rítʃuəl] リチュアる				名 儀式；習慣的行為 形 儀式の
1078 **mature** 発 [mətʊ́ər] マトゥア				形 大人になった；熟した 動 成熟する；を熟させる
1079 **moderate** 発 アク [má(:)dərət] マ(ー)デレット				形 適度な；並みの；穏やかな
1080 **neutral** [njú:trəl] ニュートゥラる				形 中立の

2 記憶から引き出す

意味	ID	単語を書こう
名 刑務所	1074	
名 (試合などの)相手，敵	1071	
形 中立の	1080	
名 氷河	1062	
名 避難(所)	1075	
名 正義	1070	
名 見込み，可能性	1064	
形 適度な	1079	
名 (過失の)責任	1073	
名 偏見	1069	

意味	ID	単語を書こう
名 熱狂，熱中，熱心	1065	
名 先駆者，パイオニア	1063	
名 情熱	1066	
名 儀式	1077	
名 犠牲(的行為)	1072	
名 障害(物)	1068	
名 (情報などの)伝達経路	1061	
形 大人になった	1078	
名 財産	1067	
名 委員会	1076	

3 Drill 53の復習テスト

✔	単語 なぞって書く	ID	意味を書こう
	oxygen	1056	
	valley	1059	
	poison	1053	
	conservation	1060	
	poetry	1044	
	liquid	1055	
	virus	1052	
	editor	1043	
	globe	1057	
	literacy	1048	

✔	単語 なぞって書く	ID	意味を書こう
	span	1047	
	protein	1054	
	surgery	1051	
	symptom	1049	
	pole	1058	
	shine	1042	
	phase	1050	
	usage	1045	
	sector	1046	
	float	1041	

忘れていた単語は，p.138 の My Word List へ GO

Drill 55

1 書いて記憶 [単語番号：1081～1100]

学習日：　　月　　日

単語	1回目 意味を確認して単語を書く	2回目 発音しながら単語を書く	3回目 意味に合う単語を書く	意味
1081 **optimistic** [à(:)ptɪmístɪk] ア(ー)プティミスティック				形 楽観的な
1082 **pessimistic** [pèsəmístɪk] ペスィミスティック				形 悲観的な
1083 **radical** [rǽdɪkəl] ラディカる				形 根本的な；過激な 名 急進主義者
1084 **rough** 発 [rʌf] ラふ				形 (表面が)粗い;大まかな；粗野な；荒っぽい 名 下書き
1085 **smooth** 発 [smu:ð] スムーず				形 滑らかな；円滑な 動 を滑らかにする
1086 **fluent** [flú:ənt] ふるーエント				形 流ちょうな；堪能な
1087 **casual** 発 [kǽʒuəl] キャジュアる				形 形式ばらない，打ち解けた；何気ない；偶然の
1088 **instant** アク [ínstənt] インスタント				形 即時の 名 瞬間
1089 **incredible** [ɪnkrédəbl] インクレディブる				形 信じられない
1090 **genuine** 発 [dʒénjuɪn] ヂェニュイン				形 本物の
1091 **precious** [préʃəs] プレシャス				形 貴重な
1092 **prominent** [prá(:)mɪnənt] プラ(ー)ミネント				形 重要な，著名な；突き出ている
1093 **blind** [blaɪnd] ブらインド				形 目が見えない;気づかない 動 (の目)を見えなくする 名 ブラインド
1094 **deaf** 発 [def] デふ				形 耳が聞こえない；聞こうとしない
1095 **harsh** [hɑ:rʃ] ハーシ				形 厳しい；容赦ない
1096 **prompt** [prɑ(:)mpt] プラ(ー)ン(プ)ト				形 迅速な；(人が)機敏な 動 を駆り立てる
1097 **inevitable** 発 アク [ɪnévətəbl] イネヴィタブる				形 避けられない
1098 **marine** アク [mərí:n] マリーン				形 海洋の 名 〔しばしば M~〕海兵隊(員)
1099 **tropical** [trá(:)pɪkəl] トゥラ(ー)ピカる				形 熱帯(地方)の
1100 **Arctic** [á:rktɪk] アークティック				形 北極(地方)の

2 記憶から引き出す

意味	ID	単語を書こう
形 流ちょうな	1086	
形 迅速な	1096	
形 目が見えない	1093	
形 重要な，著名な	1092	
形 楽観的な	1081	
形 熱帯(地方)の	1099	
形 信じられない	1089	
形 海洋の	1098	
形 即時の	1088	
形 本物の	1090	

意味	ID	単語を書こう
形 北極(地方)の	1100	
形 根本的な	1083	
形 貴重な	1091	
形 形式ばらない，打ち解けた	1087	
形 悲観的な	1082	
形 耳が聞こえない	1094	
形 滑らかな	1085	
形 避けられない	1097	
形 厳しい	1095	
形 (表面が)粗い	1084	

3 Drill 54の復習テスト

✓	単語 なぞって書く	ID	意味を書こう
	channel	1061	
	fortune	1067	
	moderate	1079	
	committee	1076	
	prison	1074	
	prejudice	1069	
	glacier	1062	
	ritual	1077	
	sacrifice	1072	
	mature	1078	

✓	単語 なぞって書く	ID	意味を書こう
	pioneer	1063	
	prospect	1064	
	justice	1070	
	enthusiasm	1065	
	fault	1073	
	neutral	1080	
	obstacle	1068	
	shelter	1075	
	opponent	1071	
	passion	1066	

忘れていた単語は，p.138 の My Word List へ GO

My Word List　Drill 50～54

～覚えていなかった単語～

単語	意味

単語	意味

最低「５回」は書いて絶対に覚えよう！

Part 3 Section 12

Drill 56 140

Drill 57 142

Drill 58 144

Drill 59 146

Drill 60 148

My Word List 150

Drill 56

1 書いて記憶 [単語番号：1101～1120]

学習日：　　月　　日

単語	1回目 意味を確認して単語を書く	2回目 発音しながら単語を書く	3回目 意味に合う単語を書く	意味
1101 **forecast** ㋐ [fɔ́ːrkæ̀st] ふォーキャスト				動 (天気)を予報する；を予測[予想]する 名 (天気)予報；予測
1102 **speculate** [spékjulèɪt] スペキュれイト				動 (あれこれ)思索する，推測する；投機する
1103 **bet** [bet] ベット				動 きっと(…だ)と思う(that節)；(を)賭[か]ける 名 賭け
1104 **quote** 発 [kwoʊt] クウォウト				動 (を)引用する
1105 **consult** ㋐ [kənsʌ́lt] コンサるト				動 (専門家)に意見を求める；(辞書など)を調べる；相談する
1106 **dispute** ㋐ [dɪspjúːt] ディスピュート				動 に異議を唱える；論争する 名 論争；言い争い
1107 **accumulate** [əkjúːmjʊlèɪt] アキューミュれイト				動 を集める，蓄積する；たまる
1108 **grasp** [græsp] グラスプ				動 をぎゅっとつかむ；を理解する 名 ぎゅっとつかむこと；理解(力)
1109 **grip** [grɪp] グリップ				動 をしっかり握る 名 把握；取っ手
1110 **seize** 発 [siːz] スィーズ				動 を(ぐいと)つかむ；(機会など)を素早く捕らえる

単語	1回目	2回目	3回目	意味
1111 **comprehend** [kɑ̀(ː)mprɪhénd] カ(ー)ンプリヘンド				動 〔しばしば否定文で〕を理解する
1112 **constitute** ㋐ [kɑ́(ː)nstətjùːt] カ(ー)ンスティテュート				動 を構成する
1113 **reinforce** 発 ㋐ [rìːɪnfɔ́ːrs] リーインふォース				動 を強化する
1114 **resort** [rɪzɔ́ːrt] リゾート				動 訴える 名 行楽地；手段
1115 **donate** [dóʊneɪt] ドウネイト				動 (金品など)を寄付する；(臓器など)を提供する
1116 **obey** ㋐ [oʊbéɪ] オウベイ				動 に従う
1117 **dedicate** ㋐ [dédɪkèɪt] デディケイト				動 をささげる
1118 **transmit** ㋐ [trænsmít] トゥランスミット				動 を伝える；を送る
1119 **equip** ㋐ [ɪkwíp] イクウィップ				動 に装備する
1120 **bind** [baɪnd] バインド				動 を縛る；を結び付ける

2 記憶から引き出す

意味	ID	単語を書こう
動 を理解する	1111	
動 をしっかり握る	1109	
動 (金品など)を寄付する	1115	
動 に装備する	1119	
動 をぎゅっとつかむ	1108	
動 (専門家)に意見を求める	1105	
動 に従う	1116	
動 をささげる	1117	
動 を強化する	1113	
動 訴える	1114	
動 きっと(…だ)と思う (that節)	1103	
動 を伝える	1118	
動 を縛る	1120	
動 (あれこれ)思索する，推測する	1102	
動 を構成する	1112	
動 (天気)を予報する	1101	
動 に異議を唱える	1106	
動 を集める，蓄積する	1107	
動 (を)引用する	1104	
動 を(ぐいと)つかむ	1110	

3 Drill 55の復習テスト

✓	単語 なぞって書く	ID	意味を書こう
	fluent	1086	
	optimistic	1081	
	harsh	1095	
	inevitable	1097	
	rough	1084	
	smooth	1085	
	tropical	1099	
	instant	1088	
	Arctic	1100	
	casual	1087	
	marine	1098	
	genuine	1090	
	incredible	1089	
	precious	1091	
	radical	1083	
	pessimistic	1082	
	prompt	1096	
	deaf	1094	
	blind	1093	
	prominent	1092	

忘れていた単語は，p.150 の My Word List へ Go

Drill 57 **1 書いて記憶** [単語番号：1121 ～ 1140]

学習日：　　月　　日

単語	1回目 意味を確認して単語を書く	2回目 発音しながら単語を書く	3回目 意味に合う単語を書く	意味
1121 **pose** [pouz] ポウズ				動 (問題など)を投げかける；ポーズ[姿勢]をとる 名 ポーズ，姿勢；見せかけ
1122 **pause** 発 [pɔ:z] ポーズ				動 (一時的に)休止する，合い間を置く 名 休止；息つぎ
1123 **hesitate** [hézɪtèɪt] ヘズィテイト				動 ためらう，躊躇[ちゅうちょ]する
1124 **split** [splɪt] スプリット				動 を分割する；を分裂させる；縦に割れる
1125 **bend** [bend] ベンド				動 を曲げる；曲がる；を従わせる 名 曲がり
1126 **tap** [tæp] タップ				動 を軽くたたく，タップする；(資源など)を活用する 名 主に英 蛇口，栓
1127 **boil** [bɔɪl] ボイる				動 を沸かす；をゆでる；沸騰する
1128 **bow** 発 [bau] バウ				動 おじぎをする 名 おじぎ
1129 **conceal** [kənsí:l] コンスィーる				動 を隠す；を秘密にする
1130 **dispose** [dɪspóuz] ディスポウズ				動 (dispose of で)を処分する
1131 **cheat** [tʃi:t] チート				動 をだます；カンニングをする 名 カンニング；詐欺；詐欺師
1132 **distract** [dɪstrǽkt] ディストゥラクト				動 (注意など)をそらす
1133 **exclude** [ɪksklú:d] イクスクるード				動 を締め出す；を除外する
1134 **astonish** [əstá(:)nɪʃ] アスタ(ー)ニッシ				動 を(ひどく)驚かせる
1135 **thrill** [θrɪl] すりる				動 を(興奮・快感などで)わくわく[ぞくぞく]させる 名 わくわくする感じ
1136 **leap** [li:p] りープ				動 跳ぶ 名 跳躍
1137 **postpone** 発 ア [poustpóun] ポウス(ト)ポウン				動 を延期する
1138 **dismiss** [dɪsmís] ディスミス				動 を解雇する；(集会など)を解散させる；(意見など)を退ける
1139 **resign** 発 [rɪzáɪn] リザイン				動 (を)辞める
1140 **withdraw** ア [wɪðdrɔ́:] ウィずドゥロー				動 退く；(預金)を下ろす；(支持など)を取りやめる；を撤回する

2 記憶から引き出す

意味	ID	単語を書こう
動 を延期する	1137	
動 (を)辞める	1139	
動 (問題など)を投げかける	1121	
動 おじぎをする	1128	
動 を分割する	1124	
動 を隠す	1129	
動 を(ひどく)驚かせる	1134	
動 を処分する	1130	of
動 退く	1140	
動 をだます	1131	

意味	ID	単語を書こう
動 を軽くたたく，タップする	1126	
動 を締め出す	1133	
動 跳ぶ	1136	
動 (注意など)をそらす	1132	
動 ためらう，躊躇する	1123	
動 を沸かす	1127	
動 (一時的に)休止する，合い間を置く	1122	
動 を曲げる	1125	
動 を(興奮・快感などで)わくわく[ぞくぞく]させる	1135	
動 を解雇する	1138	

3 Drill 56の復習テスト

✓	単語 なぞって書く	ID	意味を書こう
	grip	1109	
	resort	1114	
	seize	1110	
	dispute	1106	
	bet	1103	
	equip	1119	
	dedicate	1117	
	reinforce	1113	
	quote	1104	
	bind	1120	

✓	単語 なぞって書く	ID	意味を書こう
	forecast	1101	
	obey	1116	
	consult	1105	
	constitute	1112	
	comprehend	1111	
	donate	1115	
	grasp	1108	
	speculate	1102	
	transmit	1118	
	accumulate	1107	

忘れていた単語は，p.150 の My Word List へ GO

Drill 58 **1 書いて記憶** [単語番号：1141～1160]　学習日：　月　日

単語	1回目 意味を確認して単語を書く	2回目 発音しながら単語を書く	3回目 意味に合う単語を書く	意味
1141 **fade** [feɪd] ふェイド				動 (徐々に)消えていく；(色が)あせる 名 (色などが)あせること
1142 **vanish** ア [vǽnɪʃ] ヴァニッシ				動 消え失せる；(急に)見えなくなる
1143 **continent** [kɑ́(ː)ntənənt] カ(ー)ンティネント				名 大陸
1144 **geography** ア [dʒiɑ́(ː)grəfi] ヂア(ー)グラふィ				名 地理；地理学
1145 **ecology** [ɪ(ː)kɑ́lədʒi] イ(ー)カろヂィ				名 生態系；生態学；環境保護
1146 **inhabitant** [ɪnhǽbətənt] インハビタント				名 住民；生息動物
1147 **suburb** 発 ア [sʌ́bəːrb] サバ～ブ				名 郊外
1148 **furniture** 発 [fɔ́ːrnɪtʃər] ふァ～ニチャ				名 家具
1149 **refrigerator** ア [rɪfrídʒərèɪtər] リふリヂェレイタァ				名 冷蔵庫
1150 **garbage** 発 [gɑ́ːrbɪdʒ] ガービヂ				名 主に米 (生)ごみ
1151 **trash** [træʃ] トゥラッシ				名 主に米 ごみ
1152 **litter** [lítər] りタァ				名 (公共の場での散らかった)ごみ 動 を(人が)散らかす；に(ごみが)散らかる
1153 **trace** [treɪs] トゥレイス				名 名残；(通った)跡；わずかな量 動 を追跡する；をたどる
1154 **row** [roʊ] ロウ				名 (横の)列
1155 **core** [kɔːr] コー				名 〔普通the ～〕核心，中心(部)；(果物の)芯
1156 **orbit** ア [ɔ́ːrbət] オービット				名 軌道 動 の周りを回る
1157 **galaxy** [gǽləksi] ギャらクスィ				名 銀河；〔the G～〕銀河系；〔a ～〕華やかな集まり
1158 **myth** [mɪθ] ミす				名 神話；(根拠のない)通説
1159 **faith** [feɪθ] ふェイす				名 信頼；信仰(心)
1160 **wisdom** [wízdəm] ウィズダム				名 知恵；賢いこと

2 記憶から引き出す

意味	ID	単語を書こう
名 知恵	1160	
名 冷蔵庫	1149	
名 核心，中心(部)	1155	
名 (公共の場での散らかった)ごみ	1152	
名 名残	1153	
名 銀河	1157	
名 生態系	1145	
名 大陸	1143	
名 信頼	1159	
名 主に米 (生)ごみ	1150	

意味	ID	単語を書こう
動 (徐々に)消えていく	1141	
名 神話	1158	
動 消え失せる	1142	
名 軌道	1156	
名 主に米 ごみ	1151	
名 家具	1148	
名 郊外	1147	
名 住民	1146	
名 (横の)列	1154	
名 地理	1144	

3 Drill 57の復習テスト

✓	単語 なぞって書く	ID	意味を書こう
	resign	1139	
	thrill	1135	
	conceal	1129	
	distract	1132	
	pause	1122	
	leap	1136	
	bow	1128	
	cheat	1131	
	bend	1125	
	exclude	1133	

✓	単語 なぞって書く	ID	意味を書こう
	split	1124	
	dispose	1130	
	dismiss	1138	
	hesitate	1123	
	postpone	1137	
	tap	1126	
	pose	1121	
	boil	1127	
	withdraw	1140	
	astonish	1134	

忘れていた単語は，p.150 の My Word List へ GO

Drill 59

1 書いて記憶 [単語番号：1161～1180]

学習日：　　月　　日

単語	1回目 意味を確認して単語を書く	2回目 発音しながら単語を書く	3回目 意味に合う単語を書く	意味
1161 **obligation** [à(:)blɪgéɪʃən] ア(ー)ブリゲイション				名 義務
1162 **privilege** 発 ア [prívəlɪdʒ] プリヴィれッヂ				名 特典，特権；(特別な)栄誉
1163 **discrimination** [dɪskrìmɪnéɪʃən] ディスクリミネイション				名 差別；識別(力)
1164 **ambition** [æmbíʃən] アンビション				名 願望，野望；野心
1165 **illusion** [ɪlú:ʒən] イるージョン				名 錯覚；幻想
1166 **instinct** ア [ínstɪŋkt] インスティンクト				名 本能
1167 **shame** [ʃeɪm] シェイム				名 (a ~)残念なこと；恥，不名誉
1168 **humor** [hjú:mər] ヒューマァ				名 ユーモア
1169 **courage** 発 ア [kɔ́:rɪdʒ] カ～レッヂ				名 勇気
1170 **sympathy** [símpəθi] スィンパすィ				名 同情；共感
1171 **tragedy** [trǽdʒədi] トゥラヂディ				名 悲惨な出来事；悲劇
1172 **fate** [feɪt] ふェイト				名 運命
1173 **destiny** [déstəni] デスティニィ				名 運命
1174 **abuse** 発 [əbjú:s] アビュース				名 乱用；虐待 動 発別 を乱用する；を虐待する
1175 **wound** 発 [wu:nd] ウーンド				名 傷；(精神的な)痛手 動 を傷つける；(感情など)を害する
1176 **fever** 発 [fí:vər] ふィーヴァ				名 熱，発熱；熱狂 動 を熱狂させる；発熱する
1177 **infection** [ɪnfékʃən] インふェクション				名 伝染病；伝染，感染
1178 **brave** [breɪv] ブレイヴ				形 勇敢な
1179 **brilliant** [bríljənt] ブリりャント				形 すばらしい；光り輝く；才能にあふれた
1180 **gentle** [dʒéntl] ヂェントゥる				形 優しい；穏やかな

2 記憶から引き出す

意味	ID	単語を書こう
形 優しい	1180	
名 運命	1172	
名 運命	1173	
名 願望，野望	1164	
名 錯覚	1165	
名 義務	1161	
名 ユーモア	1168	
名 本能	1166	
名 熱，発熱	1176	
名 同情	1170	

意味	ID	単語を書こう
名 伝染病	1177	
形 勇敢な	1178	
名 傷	1175	
形 すばらしい	1179	
名 特典，特権	1162	
名 残念なこと	1167	
名 乱用	1174	
名 差別	1163	
名 勇気	1169	
名 悲惨な出来事	1171	

3 Drill 58の復習テスト

✔	単語 なぞって書く	ID	意味を書こう
	faith	1159	
	ecology	1145	
	continent	1143	
	fade	1141	
	trace	1153	
	refrigerator	1149	
	orbit	1156	
	trash	1151	
	inhabitant	1146	
	row	1154	

✔	単語 なぞって書く	ID	意味を書こう
	galaxy	1157	
	garbage	1150	
	litter	1152	
	furniture	1148	
	geography	1144	
	suburb	1147	
	wisdom	1160	
	vanish	1142	
	core	1155	
	myth	1158	

忘れていた単語は，p.150 の My Word List へ GO

Drill 60 **1 書いて記憶** [単語番号：1181 ～ 1200]

学習日：　　月　　日

単語	1回目 意味を確認して単語を書く	2回目 発音しながら単語を書く	3回目 意味に合う単語を書く	意味
1181 **noble** [nóubl] ノウブる				形 高貴な；気高い
1182 **royal** [rɔ́ɪəl] ロイアる				形 王室の
1183 **sacred** 発 [séɪkrɪd] セイクリッド				形 神聖な
1184 **holy** [hóuli] ホウリィ				形 神聖な；信心深い
1185 **decent** 発 ア [díːsənt] ディースント				形 きちんとした；かなりの；上品な
1186 **grateful** [gréɪtfəl] グレイトふる				形 感謝している
1187 **fond** [fɑ(ː)nd] ふァ(ー)ンド				形 好む
1188 **selfish** [sélfɪʃ] セるふィッシ				形 自分勝手な
1189 **awkward** 発 [ɔ́ːkwərd] オークワド				形 (立場などが)厄介な；ぎこちない；気まずい
1190 **awful** 発 [ɔ́ːfəl] オーふる				形 ひどい；恐ろしい
1191 **ultimate** 発 ア [ʌ́ltɪmət] アるティメット				形 最終的な，究極の
1192 **dynamic** ア [daɪnǽmɪk] ダイナミック				形 (人が)活動的な，精力的な；(物が)活発な；動的な
1193 **tremendous** [trəméndəs] トゥレメンダス				形 (数量・程度などが)とてつもない
1194 **abundant** [əbʌ́ndənt] アバンダント				形 豊富な；(～に)富む (in)
1195 **dull** [dʌl] ダる				形 退屈な；鈍い 動 を鈍らせる
1196 **urgent** 発 [ə́ːrdʒənt] ア～ヂェント				形 緊急の
1197 **spare** [speər] スペア				形 余分の；予備の 動 (人)に(時間など)を割く；(主に否定文で)を使い惜しみする
1198 **tight** [taɪt] タイト				形 (服・靴などが)きつい；しっかりした 副 しっかりと，きつく
1199 **shallow** [ʃǽlou] シャろウ				形 浅い；浅はかな
1200 **superficial** ア [sùːpərfíʃəl] スーパふィシャる				形 浅はかな，表面的な

2 記憶から引き出す

意味	ID	単語を書こう
形 感謝している	1186	
形 自分勝手な	1188	
形 余分の	1197	
形 神聖な	1183	
形 退屈な	1195	
形 (立場などが)厄介な	1189	
形 神聖な；信心深い	1184	
形 (服・靴などが)きつい	1198	
形 好む	1187	
形 浅い	1199	

意味	ID	単語を書こう
形 ひどい	1190	
形 高貴な	1181	
形 緊急の	1196	
形 王室の	1182	
形 浅はかな，表面的な	1200	
形 最終的な，究極の	1191	
形 (人が)活動的な，精力的な	1192	
形 きちんとした	1185	
形 (数量・程度などが)とてつもない	1193	
形 豊富な	1194	

3 Drill 59の復習テスト

✓	単語 なぞって書く	ID	意味を書こう
	tragedy	1171	
	illusion	1165	
	destiny	1173	
	brilliant	1179	
	obligation	1161	
	humor	1168	
	infection	1177	
	wound	1175	
	abuse	1174	
	sympathy	1170	

✓	単語 なぞって書く	ID	意味を書こう
	fever	1176	
	privilege	1162	
	courage	1169	
	instinct	1166	
	shame	1167	
	fate	1172	
	discrimination	1163	
	ambition	1164	
	brave	1178	
	gentle	1180	

忘れていた単語は，p.150 の My Word List へ GO

My Word List Drill 55～59

～覚えていなかった単語～

単語	意味

単語	意味

最低「５回」は書いて絶対に覚えよう！

Part 3 Section 13

Drill 61 152
Drill 62 154
Drill 63 156
Drill 64 158
Drill 65 160
My Word List 162

Drill 61 1 書いて記憶 [単語番号：1201 ～ 1220]

学習日：　　月　　日

単語	1回目 意味を確認して単語を書く	2回目 発音しながら単語を書く	3回目 意味に合う単語を書く	意味
1201 **whisper** [hwíspər] (フ)ウィスパァ				動 (を)ささやく 名 ささやき
1202 **yell** 発 [jel] イエる				動 (を)叫ぶ 名 叫び
1203 **scream** [skri:m] スクリーム				動 叫び声を上げる 名 叫び声，悲鳴
1204 **nod** [nɑ(:)d] ナ(ー)ッド				動 うなずく；うとうとする 名 うなずき；居眠り
1205 **swallow** [swɑ́(:)lou] スワ(ー)ろウ				動 を飲み込む 名 飲み込むこと；ツバメ
1206 **yawn** 発 [jɔ:n] ヨーン				動 あくびをする 名 あくび
1207 **cough** 発 [kɔ:f] コーふ				動 せきをする 名 せき
1208 **hug** [hʌg] ハッグ				動 を抱き締める 名 抱擁
1209 **sweep** [swi:p] スウィープ				動 を掃く，掃除する；を押し流す；を一掃する 名 掃くこと；一掃
1210 **polish** 発 [pɑ́(:)lɪʃ] パ(ー)りッシ				動 を磨く 名 磨きをかけること；洗練；つや出し
1211 **decorate** 発 アク [dékərèɪt] デコレイト				動 を装飾する
1212 **shed** [ʃed] シェッド				動 (涙・血など)を流す；(光など)を当てる
1213 **drag** [dræg] ドゥラッグ				動 を引きずる；を無理やり連れて行く
1214 **spoil** [spɔɪl] スポイる				動 を台無しにする；を甘やかしてだめにする
1215 **burst** [bə:rst] バ～スト				動 破裂する；急に始める 名 爆発；突然の増加
1216 **explode** [ɪksplóud] イクスプろウド				動 爆発する
1217 **compromise** 発 アク [kɑ́(:)mprəmàɪz] カ(ー)ンプロマイズ				動 妥協する 名 妥協
1218 **exaggerate** 発 アク [ɪgzǽdʒərèɪt] イグザヂャレイト				動 を誇張する
1219 **exploit** [ɪksplɔ́ɪt] イクスプろイト				動 を搾取する；(資源など)を開発する
1220 **utilize** [jú:təlàɪz] ユーティらイズ				動 を利用する

2 記憶から引き出す

意味	ID	単語を書こう
動 (を)叫ぶ	1202	
動 を引きずる	1213	
動 を台無しにする	1214	
動 を搾取する	1219	
動 叫び声を上げる	1203	
動 妥協する	1217	
動 破裂する	1215	
動 を装飾する	1211	
動 を抱き締める	1208	
動 爆発する	1216	

意味	ID	単語を書こう
動 あくびをする	1206	
動 (を)ささやく	1201	
動 せきをする	1207	
動 を誇張する	1218	
動 を飲み込む	1205	
動 (涙・血など)を流す	1212	
動 を磨く	1210	
動 うなずく	1204	
動 を利用する	1220	
動 を掃く，掃除する	1209	

3 Drill 60の復習テスト

✓	単語 なぞって書く	ID	意味を書こう
	urgent	1196	
	royal	1182	
	spare	1197	
	dynamic	1192	
	selfish	1188	
	noble	1181	
	grateful	1186	
	abundant	1194	
	dull	1195	
	awful	1190	

✓	単語 なぞって書く	ID	意味を書こう
	decent	1185	
	sacred	1183	
	fond	1187	
	awkward	1189	
	superficial	1200	
	tight	1198	
	tremendous	1193	
	holy	1184	
	ultimate	1191	
	shallow	1199	

忘れていた単語は，p.162 の My Word List へ GO

Drill 62 **1 書いて記憶** [単語番号：1221 ～ 1240]

学習日：　　月　　日

単語	1回目 意味を確認して単語を書く	2回目 発音しながら単語を書く	3回目 意味に合う単語を書く	意味
1221 **irritate** [írɪtèɪt] イリテイト				動 をいらいらさせる
1222 **insult** 発 ア [ɪnsʌ́lt] インサるト				動 を侮辱する 名 アクセント 侮辱
1223 **deceive** [dɪsíːv] ディスィーヴ				動 をだます
1224 **violate** [váɪəlèɪt] ヴァイオれイト				動 (法など)に違反する；(権利など)を侵害する
1225 **disgust** [dɪsgʌ́st] ディスガスト				動 に嫌悪感を持たせる 名 嫌悪
1226 **endure** [ɪndjʊ́ər] インデュア				動 を我慢する，に耐える
1227 **tolerate** [tá(ː)lərèɪt] タ(ー)れレイト				動 に耐える；を大目に見る
1228 **suspend** ア [səspénd] サスペンド				動 を一時的に中止する；をつるす
1229 **cease** 発 [siːs] スィース				動 をやめる；(…し)なくなる (to do)；終わる
1230 **appoint** [əpɔ́ɪnt] アポイント				動 (人)を任命する；(日時・場所など)を指定する
1231 **undertake** ア [ʌ̀ndərtéɪk] アンダテイク				動 を引き受ける；(事業など)に着手する
1232 **overtake** [òuvərtéɪk] オウヴァテイク				動 米 に追いつく；英 を追い抜く；〔しばしば受身形で〕(災難などが)を襲う
1233 **proceed** ア [prəsíːd] プロスィード				動 移る；続行する；続けて(…)する (to do)
1234 **commute** [kəmjúːt] コミュート				動 通勤[通学]する
1235 **flourish** 発 [flə́ːrɪʃ] ふら～リッシ				動 繁盛する；繁殖する
1236 **thrive** [θraɪv] すライヴ				動 (事業などが)栄える，繁栄する；(人・動植物などが)成長する
1237 **venture** [véntʃər] ヴェンチャ				動 思い切って着手する；を賭[か]ける 名 ベンチャー事業；冒険
1238 **accustom** [əkʌ́stəm] アカスタム				動 を慣れさせる
1239 **rear** 発 [rɪər] リア				動 を育てる；を飼育する 名 〔the ～〕後部
1240 **inherit** [ɪnhérət] インヘリット				動 を相続する；を(遺伝的に)受け継ぐ

2 記憶から引き出す

意味	ID	単語を書こう
動 に耐える	1227	
動 を育てる	1239	
動 (事業などが)栄える，繁栄する	1236	
動 をいらいらさせる	1221	
動 移る	1233	
動 をやめる	1229	
動 を慣れさせる	1238	
動 を引き受ける	1231	
動 を我慢する，に耐える	1226	
動 に嫌悪感を持たせる	1225	

意味	ID	単語を書こう
動 通勤[通学]する	1234	
動 (人)を任命する	1230	
動 を一時的に中止する	1228	
動 米 に追いつく	1232	
動 をだます	1223	
動 (法など)に違反する	1224	
動 を侮辱する	1222	
動 思い切って着手する	1237	
動 繁盛する	1235	
動 を相続する	1240	

3 Drill 61の復習テスト

✓	単語 なぞって書く	ID	意味を書こう
	sweep	1209	
	explode	1216	
	swallow	1205	
	polish	1210	
	shed	1212	
	cough	1207	
	scream	1203	
	compromise	1217	
	yawn	1206	
	yell	1202	

✓	単語 なぞって書く	ID	意味を書こう
	exploit	1219	
	spoil	1214	
	whisper	1201	
	utilize	1220	
	decorate	1211	
	hug	1208	
	burst	1215	
	exaggerate	1218	
	drag	1213	
	nod	1204	

忘れていた単語は，p.162 の My Word List へ Go

Drill 63

1 書いて記憶 [単語番号：1241 ～ 1260]

学習日：　　月　　日

単語	1回目 意味を確認して単語を書く	2回目 発音しながら単語を書く	3回目 意味に合う単語を書く	意味
1241 **blossom** [blá(:)səm] ブラ(ー)サム				動 開花する；成長する 名 花；開花
1242 **esteem** (ア) [ɪstíːm] イスティーム				動 を尊敬する 名 尊敬
1243 **merchant** [mə́ːrtʃənt] マ～チャント				名 商人
1244 **fare** [feər] ふェア				名 運賃
1245 **voyage** (発) [vɔ́ɪɪdʒ] ヴォイエッヂ				名 航海；宇宙旅行
1246 **crew** [kruː] クルー				名 〔集合的に〕乗組員（全員），乗務員（全員）
1247 **luggage** (発) [lʌ́gɪdʒ] らゲッヂ				名 〔集合的に〕主に英（旅行の）手荷物
1248 **horizon** (発) [həráɪzən] ホライズン				名 〔the ～〕水平線，地平線
1249 **lightning** [láɪtnɪŋ] らイトニング				名 稲光，稲妻
1250 **dawn** (発) [dɔːn] ドーン				名 夜明け；〔the ～〕始まり 動 夜が明ける；始まる；わかり始める

単語	1回目	2回目	3回目	意味
1251 **astronomy** [əstrá(:)nəmi] アストゥラ(ー)ノミィ				名 天文学
1252 **statistics** (ア) [stətístɪks] スタティスティックス				名 統計（の数字，データ）；統計学
1253 **dimension** [dəménʃən] ディメンション				名 局面，面；（長さ・幅・厚さの）寸法；次元
1254 **faculty** (ア) [fǽkəlti] ふァカるティ				名 才能；（身体の・精神の）機能；学部
1255 **scheme** (発) [skiːm] スキーム				名 計画；陰謀 動 （を）たくらむ
1256 **viewpoint** (ア) [vjúːpɔ̀ɪnt] ヴューポイント				名 見地
1257 **output** (ア) [áutpʊ̀t] アウトプット				名 生産（高）；出力 動 を生産する；を出力する
1258 **outlook** (ア) [áutlʊ̀k] アウトるック				名 見通し；眺め
1259 **tuition** (ア) [tjuíʃən] テュイション				名 主に米 授業料；（個人）指導
1260 **proverb** (ア) [prá(:)vəːrb] プラ(ー)ヴァ～ブ				名 ことわざ

2 記憶から引き出す

意味	ID	単語を書こう
名 見地	1256	
動 を尊敬する	1242	
名 ことわざ	1260	
名 主に英 (旅行の) 手荷物	1247	
名 稲光，稲妻	1249	
名 才能	1254	
名 主に米 授業料	1259	
名 水平線，地平線	1248	
名 運賃	1244	
名 商人	1243	

意味	ID	単語を書こう
名 夜明け	1250	
名 見通し	1258	
名 航海	1245	
動 開花する	1241	
名 天文学	1251	
名 局面，面	1253	
名 統計 (の数字，データ)	1252	
名 生産(高)	1257	
名 乗組員(全員)，乗務員(全員)	1246	
名 計画	1255	

3 Drill 62の復習テスト

✔	単語 なぞって書く	ID	意味を書こう
	venture	1237	
	rear	1239	
	deceive	1223	
	tolerate	1227	
	overtake	1232	
	irritate	1221	
	proceed	1233	
	commute	1234	
	flourish	1235	
	insult	1222	

✔	単語 なぞって書く	ID	意味を書こう
	disgust	1225	
	undertake	1231	
	accustom	1238	
	endure	1226	
	suspend	1228	
	appoint	1230	
	violate	1224	
	cease	1229	
	inherit	1240	
	thrive	1236	

忘れていた単語は，p.162 の My Word List へ GO

Drill 64 **1 書いて記憶** [単語番号：1261 ～ 1280]

学習日：　　月　　日

単語	1回目 意味を確認して単語を書く	2回目 発音しながら単語を書く	3回目 意味に合う単語を書く	意味
1261 **biography** ㋐ [baɪá(:)grəfi] バイア(ー)グラふィ				名 伝記
1262 **narrative** ㋐ [nǽrətɪv] ナラティヴ				名 話；物語
1263 **chapter** [tʃǽptər] チャプタァ				名 (書物などの)章
1264 **string** [strɪŋ] ストゥリング				名 ひも，糸；一続き；一つなぎ 動 にひもを通す；をつるす；〔普通受身形で〕1列に並ぶ
1265 **tag** [tæg] タッグ				名 札；値札 動 に札をつける；を付加する
1266 **peasant** 発 [pézənt] ペズント				名 (昔の／発展途上国の)小作農
1267 **livestock** 発 [láɪvstɑ̀(:)k] らイヴスタ(ー)ック				名 家畜(類)
1268 **famine** [fǽmɪn] ふァミン				名 飢饉[ききん]
1269 **fatigue** 発 [fətí:g] ふァティーグ				名 疲労
1270 **motive** 発 ㋐ [móutɪv] モウティヴ				名 動機
1271 **sweat** 発 [swet] スウェット				名 汗 動 汗をかく
1272 **peer** 発 [pɪər] ピア				名 〔普通～s〕(能力・年齢などが)同等の人，仲間 動 じっと見る
1273 **glance** [glæns] グらンス				名 ちらりと見ること，一見 動 ちらりと見る
1274 **glimpse** [glɪmps] グリン(プ)ス				名 ちらりと見えること 動 (を)ちらりと見る
1275 **luxury** 発 ㋐ [lʌ́gʒəri] らグジュリィ				名 ぜいたく品；ぜいたく 形 ぜいたくな，高級な
1276 **prosperity** [prɑ(:)spérəti] プラ(ー)スペリティ				名 繁栄
1277 **fame** [feɪm] ふェイム				名 名声
1278 **keen** [ki:n] キーン				形 熱中して，大好きで；主に英 熱心な，熱望して；(感覚などが)鋭い
1279 **inclined** [ɪnkláɪnd] インクらインド				形 (…し)たいと思う(to *do*)；(…する)傾向がある(to *do*)
1280 **competent** 発 ㋐ [ká(:)mpətənt] カ(ー)ンペテント				形 有能な；満足できる

2 記憶から引き出す

意味	ID	単語を書こう
名 ちらりと見えること	1274	
名 汗	1271	
形 熱中して，大好きで	1278	
名 （能力・年齢などが）同等の人，仲間	1272	
名 ちらりと見ること，一見	1273	
名 疲労	1269	
名 話	1262	
名 ぜいたく品	1275	
名 （書物などの）章	1263	
名 繁栄	1276	

意味	ID	単語を書こう
形 有能な	1280	
形 （…し）たいと思う（to do）	1279	
名 動機	1270	
名 飢饉	1268	
名 ひも，糸	1264	
名 伝記	1261	
名 （昔の／発展途上国の）小作農	1266	
名 名声	1277	
名 札	1265	
名 家畜（類）	1267	

3 Drill 63の復習テスト

✔	単語 なぞって書く	ID	意味を書こう
	proverb	1260	
	faculty	1254	
	tuition	1259	
	luggage	1247	
	astronomy	1251	
	esteem	1242	
	crew	1246	
	scheme	1255	
	lightning	1249	
	viewpoint	1256	

✔	単語 なぞって書く	ID	意味を書こう
	voyage	1245	
	dimension	1253	
	outlook	1258	
	statistics	1252	
	blossom	1241	
	fare	1244	
	output	1257	
	dawn	1250	
	merchant	1243	
	horizon	1248	

忘れていた単語は，p.162 の My Word List へ Go

Drill 65 **1 書いて記憶** [単語番号：1281 ～ 1300]

学習日：　月　日

単語	1回目 意味を確認して単語を書く	2回目 発音しながら単語を書く	3回目 意味に合う単語を書く	意味
1281 **superior** 発 [supíəriər] スピ(ア)リア				形 優れている 名 目上の人；上司
1282 **inferior** 発 [ɪnfíəriər] インふィ(ア)リア				形 劣った
1283 **cruel** [krú:əl] クルーエる				形 残酷な
1284 **indifferent** [ɪndífərənt] インディふァレント				形 無関心な
1285 **ashamed** [əʃéɪmd] アシェイムド				形 恥じて
1286 **bold** [boʊld] ボウるド				形 大胆な；勇敢な
1287 **ridiculous** ア [rɪdíkjʊləs] リディキュらス				形 ばかげた
1288 **ugly** [ʌ́gli] アグりィ				形 醜い，不格好な；不愉快な
1289 **pale** [peɪl] ペイる				形 青白い；(色が)淡い 動 青ざめる
1290 **male** [meɪl] メイる				形 男性の 名 男性
1291 **manual** ア [mǽnjuəl] マニュアる				形 手による；手動(式)の；体を使う 名 説明書
1292 **mutual** [mjú:tʃuəl] ミューチュアる				形 相互の；共通の
1293 **delicate** 発 ア [délɪkət] デりケット				形 取り扱いの難しい；繊細な
1294 **deliberate** ア [dɪlíbərət] ディりバレット				形 故意の；慎重な 動 (を)熟慮する
1295 **gradual** [grǽdʒuəl] グラヂュアる				形 徐々の；緩やかな
1296 **loose** 発 [lu:s] るース				形 緩い；解き放たれた
1297 **bitter** [bítər] ビタァ				形 つらい；苦い；痛烈な
1298 **mild** [maɪld] マイるド				形 (気候などが)温暖な；(性質などが)穏やかな；(程度が)軽い
1299 **dense** [dens] デンス				形 密集した；(霧などが)濃い
1300 **tense** [tens] テンス				形 張り詰めた；ぴんと張った 動 を緊張させる

2 記憶から引き出す

意味	ID	単語を書こう
形 男性の	1290	
形 恥じて	1285	
形 密集した	1299	
形 緩い	1296	
形 (気候などが)温暖な	1298	
形 大胆な	1286	
形 つらい	1297	
形 醜い，不格好な	1288	
形 優れている	1281	
形 取り扱いの難しい	1293	

意味	ID	単語を書こう
形 手による	1291	
形 張り詰めた	1300	
形 無関心な	1284	
形 相互の	1292	
形 故意の	1294	
形 徐々の	1295	
形 ばかげた	1287	
形 残酷な	1283	
形 劣った	1282	
形 青白い	1289	

3 Drill 64 の復習テスト

✔	単語 なぞって書く	ID	意味を書こう
	string	1264	
	peer	1272	
	luxury	1275	
	glance	1273	
	glimpse	1274	
	narrative	1262	
	prosperity	1276	
	fame	1277	
	competent	1280	
	livestock	1267	

✔	単語 なぞって書く	ID	意味を書こう
	famine	1268	
	motive	1270	
	keen	1278	
	chapter	1263	
	sweat	1271	
	tag	1265	
	peasant	1266	
	fatigue	1269	
	inclined	1279	
	biography	1261	

忘れていた単語は，p.162 の My Word List へ GO

My Word List　Drill 60 ～ 64

～覚えていなかった単語～

単語	意味

単語	意味

最低「５回」は書いて絶対に覚えよう！

Part 3 Section 14

Drill 66 164

Drill 67 166

Drill 68 168

Drill 69 170

Drill 70 172

My Word List 174

Drill 66 **1 書いて記憶** [単語番号：1301 ～ 1320]　学習日：　月　日

単語	1回目 意味を確認して単語を書く	2回目 発音しながら単語を書く	3回目 意味に合う単語を書く	意味
1301 **conceive** [kənsíːv] コンスィーヴ				動 (考えなど)を抱く，思いつく；〔普通疑問文・否定文で〕(を)想像する
1302 **confess** アク [kənfés] コンふェス				動 を告白する；を認める；告白する
1303 **conform** [kənfɔ́ːrm] コンふォーム				動 従う；一致する
1304 **offend** [əfénd] オふェンド				動 を怒らせる；罪を犯す
1305 **envy** [énvi] エンヴィ				動 をうらやむ 名〔the ～〕羨望[せんぼう]の的[まと]，ねたみの種；ねたみ
1306 **boast** 発 [boust] ボウスト				動 自慢する 名 自慢(の種)
1307 **dare** [deər] デア				動〔普通否定文・疑問文で〕あえて(…)する，(…)する勇気がある(to *do*)
1308 **confine** [kənfáɪn] コンふァイン				動 を限定する；〔普通受身形で〕閉じ込められる
1309 **contradict** アク [kɑ̀(ː)ntrədíkt] カ(ー)ントゥラディクト				動 と矛盾する；を(間違っていると)否定する
1310 **compensate** [kɑ́(ː)mpənsèɪt] カ(ー)ンペンセイト				動 (人)に補償する；埋め合わせる
1311 **coincide** アク [kòuɪnsáɪd] コウインサイド				動 同時に起こる；一致する
1312 **assure** [əʃúər] アシュア				動 に安心させる；に保証する
1313 **attain** [ətéɪn] アテイン				動 を達成する；(ある地点)に到達する
1314 **inquire** アク [ɪnkwáɪər] インクワイア				動 を尋ねる；尋ねる
1315 **invade** [ɪnvéɪd] インヴェイド				動 を侵略する，に侵攻する；(を)侵害する
1316 **conquer** 発 [kɑ́(ː)ŋkər] カ(ー)ンカァ				動 を征服する
1317 **persist** [pərsíst] パスィスト				動 固執する，しつこく続ける；持続する
1318 **last** [læst] らスト				動 (一定期間)続く；長持ちする
1319 **surrender** [səréndər] サレンダァ				動 を引き渡す；降伏する 名 引き渡し；降伏
1320 **betray** [bɪtréɪ] ビトゥレイ				動 を裏切る；(秘密など)を漏らす

2 記憶から引き出す

意味	ID	単語を書こう
動 を裏切る	1320	
動 を達成する	1313	
動 (人)に補償する	1310	
動 を告白する	1302	
動 自慢する	1306	
動 を怒らせる	1304	
動 に安心させる	1312	
動 をうらやむ	1305	
動 (考えなど)を抱く，思いつく	1301	
動 同時に起こる	1311	

意味	ID	単語を書こう
動 を引き渡す	1319	
動 を侵略する，に侵攻する	1315	
動 固執する，しつこく続ける	1317	
動 と矛盾する	1309	
動 を尋ねる	1314	
動 を征服する	1316	
動 (一定期間)続く	1318	
動 従う	1303	
動 あえて(…)する，(…)する勇気がある(to *do*)	1307	
動 を限定する	1308	

3 Drill 65の復習テスト

✓	単語 なぞって書く	ID	意味を書こう
	loose	1296	
	indifferent	1284	
	manual	1291	
	delicate	1293	
	dense	1299	
	ashamed	1285	
	mild	1298	
	ugly	1288	
	deliberate	1294	
	ridiculous	1287	

✓	単語 なぞって書く	ID	意味を書こう
	tense	1300	
	mutual	1292	
	male	1290	
	inferior	1282	
	superior	1281	
	cruel	1283	
	bold	1286	
	gradual	1295	
	bitter	1297	
	pale	1289	

忘れていた単語は，p.174 の My Word List へ Go

1 書いて記憶 [単語番号：1321 ～ 1340]

学習日：　　月　　日

単語	1回目 意味を確認して単語を書く	2回目 発音しながら単語を書く	3回目 意味に合う単語を書く	意味
1321 **strain** [streɪn] ストゥレイン				動 をぴんと張る；(身体の一部)を痛める 名 緊張，ストレス；重圧
1322 **refrain** [rɪfréɪn] リふレイン				動 控える 名 (歌などの)繰り返し
1323 **scatter** [skǽtər] スキャタァ				動 をまき散らす 名 まき散らすこと，散布
1324 **spill** [spɪl] スピる				動 (液体など)をこぼす；こぼれる
1325 **prevail** 発 [prɪvéɪl] プリヴェイる				動 普及する；勝る
1326 **starve** [stɑːrv] スターヴ				動 飢えに苦しむ；渇望する；を飢えさせる
1327 **digest** ア [daɪdʒést] ダイヂェスト				動 (食べ物)を消化する 名 アク別 要約
1328 **disguise** 発 [dɪsgáɪz] ディスガイズ				動 を変装させる；(事実など)を包み隠す 名 変装；ごまかし
1329 **strip** [strɪp] ストゥリップ				動 から剥奪[はくだつ]する；を取り去る；を脱ぐ 名 細長い一片
1330 **scratch** [skrætʃ] スクラッチ				動 をかく；を引っかく 名 引っかくこと；こすること
1331 **bathe** 発 [beɪð] ベイず				動 米 を入浴させる；を浸す
1332 **soak** 発 [soʊk] ソウク				動 を浸す；をずぶぬれにする
1333 **stir** [stəːr] スタ～				動 をかき回す；(記憶などを)呼び起こす 名 かき回すこと
1334 **wind** 発 [waɪnd] ワインド				動 曲がりくねる；を巻く，巻きつける
1335 **heal** [hiːl] ヒーる				動 を治す，癒[い]やす；癒える
1336 **knit** 発 [nɪt] ニット				動 を編む 名 〔しばしば～s〕ニット製品
1337 **sew** 発 [soʊ] ソウ				動 を縫いつける；を縫う
1338 **dye** [daɪ] ダイ				動 を染める 名 染料
1339 **beg** [beg] ベッグ				動 (許し・恩恵など)を懇願する，請う
1340 **pray** 発 [preɪ] プレイ				動 祈る；を祈る；(に)懇願する

2 記憶から引き出す

意味	ID	単語を書こう
動 から剥奪する	1329	
動 を治す，癒やす	1335	
動 を変装させる	1328	
動 控える	1322	
動 をぴんと張る	1321	
動 曲がりくねる	1334	
動 をかく	1330	
動 を染める	1338	
動 を編む	1336	
動 を縫いつける	1337	

意味	ID	単語を書こう
動 (許し・恩恵など)を懇願する，請う	1339	
動 祈る	1340	
動 (液体など)をこぼす	1324	
動 をかき回す	1333	
動 (食べ物)を消化する	1327	
動 をまき散らす	1323	
動 飢えに苦しむ	1326	
動 を浸す	1332	
動 米 を入浴させる	1331	
動 普及する	1325	

3 Drill 66の復習テスト

✓	単語 なぞって書く	ID	意味を書こう
	confess	1302	
	coincide	1311	
	conquer	1316	
	conform	1303	
	offend	1304	
	attain	1313	
	last	1318	
	contradict	1309	
	confine	1308	
	conceive	1301	

✓	単語 なぞって書く	ID	意味を書こう
	envy	1305	
	persist	1317	
	invade	1315	
	dare	1307	
	surrender	1319	
	compensate	1310	
	boast	1306	
	assure	1312	
	inquire	1314	
	betray	1320	

忘れていた単語は，p.174 の My Word List へ Go

Drill 68 **1 書いて記憶** [単語番号：1341 ～ 1360]

学習日：　　月　　日

単語	1回目 意味を確認して単語を書く	2回目 発音しながら単語を書く	3回目 意味に合う単語を書く	意味
1341 **congratulate** アク [kəngrǽtʃəlèɪt] コングラチュれイト				動 (人)に祝いの言葉を述べる
1342 **summit** [sʌ́mɪt] サミット				名 頂上；(先進国)首脳会談[会議]
1343 **mayor** [méɪər] メイア				名 市長
1344 **secretary** 発 [sékrətèri] セクレテリィ				名 秘書；[S~] 米 長官；[S~] 英 大臣
1345 **council** [káunsəl] カウンス(ィ)る				名 (地方自治体の)議会；評議会
1346 **panel** [pǽnəl] パヌる				名 委員会[団]；(公開討論などの)討論者，パネリスト 動 (板などで)張られる
1347 **jury** [dʒúəri] ヂュ(ア)リィ				名 陪審(員団)
1348 **quarrel** [kwɑ́(:)rəl] クワ(ー)れる				名 口論 動 口論する
1349 **divorce** [dɪvɔ́:rs] ディヴォース				名 離婚 動 と離婚する
1350 **thief** [θi:f] すィーふ				名 泥棒
1351 **refuge** アク [réfju:dʒ] レふューヂ				名 避難；避難所
1352 **mercy** [mə́:rsi] マ～スィ				名 情け，慈悲
1353 **caution** 発 [kɔ́:ʃən] コーション				名 用心，注意；警告
1354 **pity** [píti] ピティ				名 残念なこと；哀れみ
1355 **sorrow** [sɔ́(:)rou] ソ(ー)ロウ				名 悲しみ
1356 **grief** [gri:f] グリーふ				名 深い悲しみ；悲しみの原因
1357 **despair** [dɪspéər] ディスペア				名 絶望 動 絶望する
1358 **suicide** [sú:ɪsàɪd] スーイサイド				名 自殺
1359 **ambulance** [ǽmbjələns] アンビュらンス				名 救急車
1360 **funeral** [fjú:nərəl] ふューネラる				名 葬式

2 記憶から引き出す

意味	ID	単語を書こう
名 口論	1348	
名 葬式	1360	
名 離婚	1349	
名 (地方自治体の)議会	1345	
名 市長	1343	
動 (人)に祝いの言葉を述べる	1341	
名 頂上	1342	
名 絶望	1357	
名 用心，注意	1353	
名 委員会[団]	1346	

意味	ID	単語を書こう
名 深い悲しみ	1356	
名 残念なこと	1354	
名 情け，慈悲	1352	
名 自殺	1358	
名 悲しみ	1355	
名 秘書	1344	
名 泥棒	1350	
名 陪審(員団)	1347	
名 救急車	1359	
名 避難	1351	

3 Drill 67の復習テスト

✓	単語 なぞって書く	ID	意味を書こう
	beg	1339	
	heal	1335	
	starve	1326	
	scatter	1323	
	bathe	1331	
	dye	1338	
	stir	1333	
	disguise	1328	
	spill	1324	
	sew	1337	

✓	単語 なぞって書く	ID	意味を書こう
	pray	1340	
	refrain	1322	
	strip	1329	
	prevail	1325	
	soak	1332	
	wind	1334	
	digest	1327	
	knit	1336	
	strain	1321	
	scratch	1330	

忘れていた単語は，p.174のMy Word Listへ GO

1 書いて記憶 [単語番号：1361 ～ 1380]

学習日：　　月　　日

単語	1回目 意味を確認して単語を書く	2回目 発音しながら単語を書く	3回目 意味に合う単語を書く	意味
1361 **grave** [greɪv] グレイヴ				名 墓 形 重大な；威厳のある
1362 **virtue** 発 [və́ːrtʃuː] ヴァ～チュー				名 美徳；長所
1363 **legend** ア [lédʒənd] れヂェンド				名 伝説
1364 **prestige** 発 ア [prestíːʒ] プレスティージ				名 威信，名声
1365 **glory** [glɔ́ːri] グろーリィ				名 栄光（を与えるもの）；全盛
1366 **dignity** [dígnəti] ディグニティ				名 尊厳；威厳
1367 **worship** 発 [wə́ːrʃəp] ワ～シップ				名 崇拝；礼拝 動 を崇拝する
1368 **criterion** 発 [kraɪtíəriən] クライティ（ア）リアン				名 （判断などの）基準
1369 **consent** ア [kənsént] コンセント				名 承諾，同意 動 同意する
1370 **triumph** 発 ア [tráɪʌmf] トゥライアンふ				名 （大きな）勝利；（勝利による）歓喜 動 勝利を得る；勝ち誇る
1371 **circulation** [sə̀ːrkjuléɪʃən] サ～キュれイション				名 血行；（貨幣の）流通；（新聞などの）発行部数
1372 **merit** [mérət] メリット				名 優秀さ；長所；価値 動 に値する
1373 **appetite** ア [ǽpɪtàɪt] アピタイト				名 食欲；欲求
1374 **nutrition** [njutríʃən] ニュトゥリション				名 栄養摂取；栄養（物）
1375 **decay** [dɪkéɪ] ディケイ				名 虫歯（になった部分）；衰退，荒廃；腐敗 動 腐る；衰退する
1376 **atom** [ǽtəm] アトム				名 原子
1377 **boom** [buːm] ブーム				名 好況，ブーム；（人気などの）急上昇　動 好況になる；（人気などが）急に出る
1378 **valid** [vǽlɪd] ヴァりッド				形 正当な根拠のある；（法的に）有効な
1379 **due** [djuː] デュー				形 （…する）予定で（to *do*）；締め切りの
1380 **vacant** 発 [véɪkənt] ヴェイカント				形 （部屋などが）空いている

2 記憶から引き出す

意味	ID	単語を書こう
形 正当な根拠のある	1378	
名 崇拝	1367	
名 美徳	1362	
名 (大きな)勝利	1370	
名 血行	1371	
名 伝説	1363	
名 墓	1361	
名 尊厳	1366	
名 優秀さ	1372	
形 (部屋などが)空いている	1380	

意味	ID	単語を書こう
名 原子	1376	
形 (…する)予定で(to *do*)	1379	
名 好況，ブーム	1377	
名 栄光(を与えるもの)	1365	
名 食欲	1373	
名 威信，名声	1364	
名 承諾，同意	1369	
名 虫歯(になった部分)	1375	
名 (判断などの)基準	1368	
名 栄養摂取	1374	

3 Drill 68の復習テスト

✔	単語 なぞって書く	ID	意味を書こう
	mercy	1352	
	ambulance	1359	
	jury	1347	
	funeral	1360	
	suicide	1358	
	refuge	1351	
	grief	1356	
	congratulate	1341	
	divorce	1349	
	quarrel	1348	

✔	単語 なぞって書く	ID	意味を書こう
	council	1345	
	caution	1353	
	pity	1354	
	summit	1342	
	thief	1350	
	panel	1346	
	mayor	1343	
	sorrow	1355	
	secretary	1344	
	despair	1357	

忘れていた単語は，p.174 の My Word List へ GO

Drill **70** **1 書いて記憶** [単語番号：1381 ～ 1400]

学習日：　　月　　日

単語	1回目 意味を確認して単語を書く	2回目 発音しながら単語を書く	3回目 意味に合う単語を書く	意味
1381 **bare** [beər] ベア				形 裸の；露出した 動 を露出する
1382 **naked** (発) [néɪkɪd] ネイキッド				形 裸の；草木の生えない
1383 **obscure** (ア) [əbskjúər] オブスキュア				形 (意味などが) わかりにくい；ぼんやりした 動 をわかりにくくする
1384 **peculiar** (ア) [pɪkjú:ljər] ピキューりャ				形 特有の；風変わりな
1385 **tidy** [táɪdi] タイディ				形 (場所などが) 整然とした；きれいにしてある
1386 **minute** (発)(ア) [maɪnjú:t] マイニュート				形 微小な
1387 **vague** (発) [veɪg] ヴェイグ				形 漠然とした
1388 **steep** [sti:p] スティープ				形 (斜面が) 急な；(増減が) 急激な 名 急斜面
1389 **humid** [hjú:mɪd] ヒューミッド				形 湿気のある
1390 **earnest** (発) [ɔ́:rnɪst] ア～ネスト				形 真剣な，本気の 名 本気，まじめ
1391 **absurd** [əbsɔ́:rd] アブサ～ド				形 ばかげた
1392 **hostile** [há(:)stəl] ハ(ー)ストぅる				形 反感を持った，敵意のある
1393 **idle** (発) [áɪdəl] アイドぅる				形 使われていない；(人が) 仕事がない　動 (時間)をぶらぶらして過ごす
1394 **jealous** (発) [dʒéləs] ヂェらス				形 嫉妬[しっと]深い
1395 **loyal** [lɔ́ɪəl] ろイアる				形 忠実な
1396 **supreme** (発) [suprí:m] スプリーム				形 最高の，最大の
1397 **infinite** (発)(ア) [ínfɪnət] インふィニット				形 無限の
1398 **static** [stǽtɪk] スタティック				形 変化のない；静止状態の
1399 **thorough** (発) [θɔ́:rou] さ～ロウ				形 徹底的な；完全な
1400 **immense** [ɪméns] イメンス				形 計り知れない；膨大な

2 記憶から引き出す

意味	ID	単語を書こう
形 最高の，最大の	1396	
形 裸の；露出した	1381	
形 (斜面が)急な	1388	
形 特有の	1384	
形 湿気のある	1389	
形 変化のない	1398	
形 微小な	1386	
形 反感を持った，敵意のある	1392	
形 計り知れない	1400	
形 徹底的な	1399	

意味	ID	単語を書こう
形 真剣な，本気の	1390	
形 (意味などが)わかりにくい	1383	
形 漠然とした	1387	
形 無限の	1397	
形 ばかげた	1391	
形 嫉妬深い	1394	
形 使われていない	1393	
形 (場所などが)整然とした	1385	
形 裸の；草木の生えない	1382	
形 忠実な	1395	

3 Drill 69の復習テスト

✓	単語 なぞって書く	ID	意味を書こう
	consent	1369	
	due	1379	
	triumph	1370	
	legend	1363	
	criterion	1368	
	virtue	1362	
	circulation	1371	
	prestige	1364	
	glory	1365	
	atom	1376	

✓	単語 なぞって書く	ID	意味を書こう
	dignity	1366	
	worship	1367	
	grave	1361	
	appetite	1373	
	decay	1375	
	nutrition	1374	
	merit	1372	
	vacant	1380	
	boom	1377	
	valid	1378	

忘れていた単語は，p.174 の My Word List へ GO

3 Drill 70の復習テスト

✓	単語 なぞって書く	ID	意味を書こう
	obscure	1383	
	earnest	1390	
	minute	1386	
	supreme	1396	
	steep	1388	
	static	1398	
	immense	1400	
	tidy	1385	
	thorough	1399	
	loyal	1395	

✓	単語 なぞって書く	ID	意味を書こう
	humid	1389	
	bare	1381	
	vague	1387	
	naked	1382	
	idle	1393	
	hostile	1392	
	jealous	1394	
	peculiar	1384	
	infinite	1397	
	absurd	1391	

My Word List Drill 65 ~ 70

～覚えていなかった単語～

単語	意味

単語	意味

単語	意味

単語	意味

単語	意味

単語	意味

単語	意味

単語	意味

単語	意味

単語	意味

単語	意味

単語	意味

INDEX

※数字は単語番号（ID）を表す。

A

abandon 732
absolute 796
absorb 639
abstract 794
absurd 1301
abundant 1194
abuse 1174
accent 844
access 364
accompany 834
accomplish 923
accumulate 1107
accurate 783
accuse 1021
accustom 1238
achieve 128
acknowledge 807
acquire 415
act 241
active 285
actual 694
adapt 328
address 511
adequate 990
adjust 330
admire 812
admit 608
adopt 329
advance 232
advantage 249
advertise 512
affect 109
afford 514
afraid 286
afterward 299
age 72
aggressive 782
agriculture 646
aid 534
aim 471
alarm 760
alien 879
alike 682
alive 681
allow 5
alter 621
alternative 481
altogether 300
amazing 582
ambition 1164
ambulance 1359
amount 176
amuse 1005
analysis 572
ancestor 454
ancient 280
announce 509
annoy 705
annual 692
anticipate 1006
anxious 679
apart 400
ape 744
apologize 840
apparent 991
appeal 510
appetite 1373
apply 222
appoint 1230
appreciate 408
approach 126
appropriate 186
approve 920
architecture 970
Arctic 1100
argue 112
arise 341
arm 753
army 754
arrange 622
arrest 1025
article 151
artificial 489
ashamed 1285
asleep 680
aspect 359
assess 915
assign 921
assist 835
associate 303
assume 301
assure 1312
astonish 1134
astronomy 1251
atmosphere 550
atom 1376
attach 832
attack 315
attain 1313
attempt 308
attend 320
attitude 374
attract 313
attribute 913
audience 443
author 144
authority 869
available 189
avoid 138
award 728
aware 287
awful 1190
awkward 1189

B

background 463
ban 729
bare 1381
barrier 757
basis 464
bathe 1331
battle 750
bear 142
beat 713
beg 1339
behave 519
believe 1
belong 517
bend 1125
benefit 166
besides 99
bet 1103
betray 1320
bilingual 578
bill 346
billion 345
bind 1120
biography 1261
biological 491
birth 453
bite 532
bitter 1297
blame 615
blank 292
blind 1093
blossom 1241
blow 714
board 663
boast 1306
boil 1127
bold 1286
boom 1377
border 756
bore 503
borrow 539
bother 704
boundary 948
bow 1128
brain 41
brave 1178
breathe 641
breed 742
brief 786
brilliant 1179
broad 594
budget 767
bully 1018
burden 852
burn 536
burst 1215
bury 830

C

calculate 805
calm 583
campaign 662
cancer 552
candidate 862
capable 579
capacity 565
capital 562
capture 741
care 73
career 343
careful 283
case 70
casual 1087
cause 52
caution 1353
cease 1229
celebrate 811
cell 455
central 293
ceremony 865
certain 78
challenge 115
chance 169
change 35
channel 1061
chapter 1263
character 258
charge 347
charity 956
chase 1024
chat 902
cheat 1131
cheer 1004
chemical 490
chief 693
circulation 1371
circumstance 652
citizen 342
civilization 656
claim 113
classic 992
classify 1034
clear 82
client 856
climate 272
close 86
clue 973
code 776
coincide 1311
collapse 934
colleague 161
colony 845
combine 523
comfortable 790
command 905
commercial 488
commit 407
committee 1076
common 87
communicate 213
community 274
commute 1234
company 160
compare 123
compensate 1310
compete 435
competent 1280
complain 411
complete 130
complex 478
complicated 479
compose 1033
comprehend 1111
compromise 1217
conceal 1129
conceive 1301
concentrate 613
concept 370
concern 8
conclude 508
concrete 795
condition 59
conduct 518
conference 864
confess 1302
confidence 676
confine 1308
confirm 701
conflict 445
conform 1303
confront 1007
confuse 433
congratulate 1341
connect 120
conquer 1316
conscious 678
consent 1369
consequence 476
conservation 1060
consider 2
consist 629
constant 598
constitute 1112
construct 628
consult 1105
consume 434
contact 122
contain 118
contemporary 690
content 368
context 462
continent 1143
contract 855
contradict 1309
contrary 799
contrast 363
contribute 627
conventional 883
convert 825
convey 810
convince 607
cooperation 868
cope 836
core 1155
corporation 867
correct 188
correspond 908
cough 1207
council 1345
courage 1169
court 665
crash 829
create 14
credit 677
crew 1246
crime 373
crisis 558
criterion 1368
criticize 614
crop 352
crowd 473
crucial 888
cruel 1283
culture 48
cure 716
curious 778
current 279
custom 654
customer 165

D

damage 239
dare 1307
dawn 1250
deaf 1094
deal 30
death 266
debate 446
debt 854
decade 357
decay 1375
deceive 1223
decent 1185
decide 4
declare 906
decline 236
decorate 1211
decrease 237
dedicate 1117
defeat 930
defend 1019
define 428
degree 245
delay 547
deliberate 1294
delicate 1293
delight 1001
deliver 524
demand 111
democracy 859
demonstrate 507
dense 1299
deny 441
depend 234
depression 762
deprive 1014
derive 938
describe 11
deserve 916
design 216
desire 304
despair 1357
destination 876
destiny 1173
destroy 442
detail 257
detect 823
determine 206
develop 18
device 365
devote 813
dialect 843
diet 353
differ 632
difficulty 371
dig 831
digest 1327

digital 394
dignity 1366
dimension 1253
direct 395
disadvantage 763
disagree 635
disappear 336
disappoint 504
disaster 557
discipline 873
discount 955
discourage 707
discover 103
discrimination 1163
disease 263
disguise 1328
disgust 1225
dislike 634
dismiss 1138
display 427
dispose 1130
dispute 1106
distant 600
distinct 897
distinguish 421
distract 1132
distribute 912
district 949
disturb 706
diversity 658
divide 420
divorce 1349
document 670
domestic 877
dominate 814
donate 1115
doubt 410
drag 1213
due 1379
dull 1195
duty 468
dye 1338
dynamic 1192

E

eager 581
earn 324
earnest 1390
earthquake 556
ecology 1145
economy 164
edge 775
editor 1043
education 159
effect 53
efficient 597
effort 173
elderly 586
election 860
electricity 551
element 451
elementary 691
eliminate 815
embarrass 708
embrace 942
emerge 340
emergency 853
emotion 269
emphasize 604
empire 952
employ 637
empty 700
encounter 526
encourage 106
endanger 818
endure 1226
enemy 751
engage 317
enormous 593
enter 230
entertain 1002
enthusiasm 1065
entire 389
environment 61
envy 1305
equal 387
equip 1119
equivalent 891
era 651
escape 541
essential 391
establish 217
esteem 1242
estimate 338
ethnic 878
evaluate 914
eventually 296
evidence 154
evil 900
evolve 432
exact 784
exaggerate 1218
examine 416
exceed 1009
excellent 683
exchange 332
exclude 1133
excuse 610
exhausted 899
exhibit 911
exist 235
expand 431
expect 3
expensive 182
experience 49
experiment 155
explain 10
explode 1216
exploit 1219
explore 528
export 722
expose 640
express 207
extend 625
external 896
extinct 898
extraordinary 787
extreme 482

F

face 26
facility 664
factor 254
faculty 1254
fade 1141
fail 134
fair 388
faith 1159
false 480
fame 1277
familiar 185
famine 1268
fare 1244
fascinate 502
fate 1172
fatigue 1269
fault 1073
favor 609
fear 267
feature 253
fee 954
feed 325
fever 1176
figure 167
fill 23
financial 181
firm 587
fit 228
fix 426
flexible 788
float 1041
flood 555
flourish 1235
flow 537
fluent 1086
focus 143
fold 1038
follow 21
fond 1187
forbid 731
force 107
forecast 1101
forgive 841
form 69
former 492
fortune 1067
fossil 749
found 218
frame 947
frank 780
free 76
freeze 733
frequent 892
frighten 709
frustrate 925
fuel 548
fulfill 1003
fun 472
function 259
fund 561
fundamental 882
funeral 1360
furniture 1148
furthermore 98

G

gain 229
galaxy 1157
garbage 1150
gather 414
gaze 740
gender 675
gene 456
general 88
generation 276
generous 985
gentle 1180
genuine 1090
geography 1144
glacier 1062
glance 1273
glimpse 1274
globe 1057
glory 1365
government 157
gradual 1295
graduate 422
grain 846
grand 989
grant 618
grasp 1108
grateful 1186
grave 1361
greet 901
grief 1356
grip 1109
ground 261
grow 17
guarantee 806
guard 977
guess 302
guilty 979

H

habit 375
handle 624
hang 735
happen 32
harm 761
harsh 1095
harvest 847
hate 633
heal 1335
height 944
heritage 953
hesitate 1123
hide 424
hire 638
holy 1184
honor 968
horizon 1248
host 522
hostile 1392
household 543
hug 1208
huge 291
human 75
humid 1389
humor 1168
hunger 850
hurry 826
hurt 531
hypothesis 872

I

ideal 483
identify 209
idle 1393
ignore 412
illusion 1165
illustrate 702
image 256
imagine 203
imitate 909
immediate 591
immense 1400
immigration 643
imply 505
import 723
impose 1032
impress 808
improve 12
incident 961
inclined 1279
include 117
income 344
increase 16
incredible 1089
independent 496
indicate 305
indifferent 1284
individual 92
industry 162
inevitable 1097
infant 746
infection 1177
inferior 1282
infinite 1397
influence 262
inform 617
ingredient 848
inhabitant 1146
inherit 1240
initial 390
injure 715
innocent 978
innovation 768
inquire 1314
insect 745
insight 577
insist 601
inspire 603
instance 361
instant 1088
instead 197
instinct 1166
institution 866
instruction 669
instrument 668
insult 1222
insurance 962
intellectual 383
intelligent 382
intend 602
intense 890
interact 623
interest 65
interfere 1017
internal 895
interpret 611
interrupt 1016
invade 1315
invent 429
invest 724
investigate 725
invite 513
involve 116
irritate 1221
isolate 817
issue 152
item 348

J

jealous 1394
join 312
judge 418
jury 1347
justice 1070
justify 1029

K

keen 1278
knit 1336
knowledge 45

L

labor 469
laboratory 667
lack 136
landscape 645
language 43
last 1318
lately 399
launch 822
lay 738
lead 131
lean 1037
leap 1136
lecture 569
legal 487
legend 1363
leisure 965
lend 837
length 943
liberal 982
lie 40
lift 734
lightning 1249
likely 83
limit 139
link 362
liquid 1055
literacy 1048
literature 568
litter 1152
livestock 1267
load 1039
loan 766
local 379
locate 525
logic 971
lonely 987

loose 1296
lose 133
low 290
loyal 1395
luggage 1247
luxury 1275

M

main 79
maintain 310
major 80
male 1290
mammal 743
manage 309
manner 570
manual 1291
manufacture 726
marine 1098
mark 125
marry 319
mass 649
match 314
material 771
matter 54
mature 1078
mayor 1343
means 974
measure 124
mechanism 972
medicine 265
medium 248
melt 833
memory 268
mental 195
mention 210
merchant 1243
mercy 1352
merely 397
merit 1372
message 148
mild 1298
military 688
mind 42
mine 648
minister 863
minor 81
minute 1386
miss 135
mission 957
mix 425
mobile 493
moderate 1079
modest 986
modify 1031
moment 356
moral 385
moreover 97
motive 1270
movement 270
multiple 697
murder 1012
muscle 673
mutual 1292
mystery 777
myth 1158

N

naked 1382
narrative 1262
narrow 595
native 380
nature 62
navy 755
nearby 599
nearly 396
necessary 187
negative 192
neglect 931
neighbor 542
neutral 1080
noble 1181
nod 1204
nonetheless 100
normal 184
note 102
notice 101
notion 871
nuclear 689
numerous 696
nutrition 1374

O

obesity 851
obey 1116
object 114
obligation 1161
obscure 1383
observe 337
obstacle 1068
obtain 619
obvious 486
occasion 661
occupy 940
occur 33
odd 684
offend 1304
offer 110
official 180
operate 520
opponent 1071
opportunity 170
oppose 616
optimistic 1081
orbit 1156
order 108
ordinary 89
organ 747
organize 521
origin 452
otherwise 198
outcome 672
outlook 1258
output 1257
overcome 718
overseas 497
overtake 1232
overwhelm 1010
owe 839
oxygen 1056

P

pain 264
pale 1289
panel 1346
participate 516
particular 91
passage 147
passion 1066
passive 193
patient 288
pause 1122
pay 29
peasant 1266
peculiar 1384
peer 1272
perceive 501
perform 242
permanent 889
permit 801
persist 1317
perspective 574
persuade 606
pessimistic 1082
phase 1050
phenomenon 653
philosophy 758
physical 194
physician 858
pick 227
pile 937
pioneer 1063
pity 1354
plague 553
plain 998
pleasant 789
poetry 1044
poison 1053
pole 1058
policy 158
polish 1210
polite 781
political 178
pollution 549
population 275
portion 849
pose 1121
position 60
positive 191
possess 821
possible 84
postpone 1137
potential 384
pour 1040
poverty 475
practice 172
praise 409
pray 1340
precious 1091
precise 886
predict 403
prefer 215
prejudice 1069
prepare 225
present 277
preserve 538
press 535
prestige 1364
pretend 804
prevail 1325
prevent 140
previous 281
primary 484
prime 797
primitive 997
principal 887
principle 450
priority 966
prison 1074
private 386
privilege 1162
proceed 1233
produce 13
profession 958
professor 145
profit 563
progress 449
prohibit 730
project 171
prominent 1092
promise 402
promote 323
prompt 1096
pronounce 907
proper 785
proportion 774
propose 605
prospect 1064
prosperity 1276
protect 226
protein 1054
protest 928
prove 212
proverb 1260
provide 15
psychology 759
publish 219
punish 1027
purchase 515
pure 988
purpose 252
pursue 803
puzzle 710

Q

quality 174
quantity 175
quarrel 1348
quarter 650
quiet 584
quit 719
quote 1104

R

race 444
radical 1083
raise 20
range 246
rapid 590
rare 94
rate 168
rather 196
rational 885
raw 995
reach 127
react 727
realize 104
rear 1239
reason 51
recall 405
receive 129
recent 278
recognize 105
recommend 506
recover 717
reduce 137
refer 121
reflect 404
reform 933
refrain 1322
refrigerator 1149
refuge 1351
refuse 439
regard 204
regardless 800
region 271
regret 636
regular 495
reinforce 1113
reject 440
relate 119
release 335
relevant 884
relieve 924
religion 655
reluctant 984
rely 406
remark 903
remember 6
remind 438
remote 993
remove 334
rent 838
repair 437
repeat 436
replace 333
reply 307
represent 208
reputation 967
require 22
rescue 1020
research 63
resemble 910
reserve 820
resident 544
resign 1139
resist 927
resolve 1028
resort 1114
resource 355
respect 214
respond 308
responsible 284
rest 251
restore 1030
restrict 816
result 50
retire 932
return 38
reveal 339
reverse 824
review 660
revolution 474
reward 470
rid 1015
ridiculous 1287
rise 19
risk 74
ritual 1077
rob 1013
role 71
roll 828
root 642
rough 1084
route 874
routine 875
row 1154
royal 1182
rude 980
ruin 935
rule 64
run 36
rural 378
rush 827

S

sacred 1183
sacrifice 1072
safe 294
satisfy 321
save 31
scale 349
scare 926
scatter 1323
scene 457
scheme 1255
scholar 566
scientific 177
score 417
scratch 1330
scream 1203
search 224
secretary 1344
section 351
sector 1046
secure 819
seek 316
seemingly 298
seize 1110
seldom 398
select 419
selfish 1188
senior 585
sense 55
sensible 686
sensitive 685
sentence 146
separate 331
sequence 477
series 461
serious 282
serve 220
settle 626
severe 588

sew 1337
shake 736
shallow 1199
shame 1167
shape 255
share 25
shed 1212
shelter 1075
shift 423
shine 1042
shoot 1011
shortage 764
shrink 1036
shut 929
shy 981
sight 576
significant 392
similar 85
sink 936
site 350
situation 58
skill 46
slave 959
slight 999
smart 381
smell 327
smooth 1085
soak 1332
social 179
soil 647
solid 994
solve 211
somehow 199
somewhat 200
sorrow 1355
sort 360
sound 68
source 354
span 1047
spare 1197
species 243
specific 90
speculate 1102
spell 703
spill 1324
split 1124
spoil 1214
spread 231
square 951
stable 791
staff 467
stage 358
stand 39
standard 247
stare 739
starve 1326
statement 149
static 1398
statistics 1252
statue 969
status 465
steady 998
steal 540
steep 1388
stick 529
stimulate 712
stir 1333
stock 765
store 28
straight 494
strain 1321
strategy 448
strengthen 918
stretch 737
strict 779
strike 530
string 1264
strip 1329
structure 260
struggle 447
stuff 773
stupid 983
subject 156
submit 1026
substance 772
substitute 1035
subtle 1000
suburb 1147
succeed 318
sudden 893
sue 1022
suffer 240
sufficient 699
suggest 9
suicide 1358
suit 630
sum 946
summit 1342
superficial 1200
superior 1281
supply 221
support 24
suppose 202
supreme 1396
sure 77
surface 369
surgery 1051
surrender 1319
surround 527
survey 366
survive 322
suspect 802
suspend 1228
sustain 922
swallow 1205
sweat 1271
sweep 1209
symbol 571
sympathy 1170
symptom 1049

T

tag 1265
talent 564
tap 1126
target 671
task 250
taste 326
tear 533
technique 367
technology 47
temperature 273
temporary 894
tend 233
tense 1300
term 57
terrible 393
territory 950
theme 870
theory 153
therapy 857
therefore 95
thick 792
thief 1350
thin 793
thorough 1399
thought 44
threat 554
thrill 1135
thrive 1236
thus 96
tidy 1385
tie 631
tight 1198
tiny 596
tolerate 1227
tongue 842
topic 150
touch 27
tough 589
trace 1153
track 460
trade 163
tradition 567
traffic 459
tragedy 1171
trait 659
transfer 720
transform 620
translate 612
transmit 1118
transport 721
trap 975
trash 1151
treasure 964
treat 223
tremendous 1193
trend 458
trial 666
tribe 644
trick 976
triumph 1370
tropical 1099
trouble 372
trust 401
tuition 1259
turn 37
typical 190

U

ugly 1288
ultimate 1191
undergo 1008
undertake 1231
unfortunately 297
union 769
unique 93
unit 770
unite 311
universe 657
unlike 498
upset 711
urban 377
urge 809
urgent 1196
usage 1045
utilize 1220
utter 904

V

vacant 1380
vague 1387
valid 1378
valley 1059
value 66
vanish 1142
variety 244
various 183
vary 430
vast 592
vehicle 545
venture 1237
verbal 881
version 573
via 499
victim 559
view 67
viewpoint 1256
violate 1224
violent 687
virtual 695
virtue 1362
virus 1052
visible 880
vision 575
vital 798
volume 945
volunteer 466
vote 861
voyage 1245

W

wage 674
wander 1023
warn 413
waste 238
way 56
weaken 919
wealth 560
weapon 752
wear 141
web 748
weigh 917
welfare 963
whatever 376
wheel 546
whereas 500
whisper 1201
whole 289
widespread 698
wild 295
willing 580
win 132
wind 1334
wisdom 1160
wish 205
withdraw 1140
witness 960
wonder 201
work 34
worry 7
worship 1367
worth 485
wound 1175
wrap 941

Y

yawn 1206
yell 1202
yield 939